AF412057

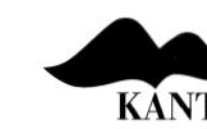

KANT

Hledání Ameriky

In search of America

Jiří Hanke

Mojí ženě Jiřině

Spříznění volbou fotografa Jiřího Hankeho

Eman Frynta mi jednou řekl,
že svými texty se snažím zachytit člověka na špici jeho hovorové situace,
zrovna tak, jak se o to snaží fotograf momentkou.
A dodal, že by takový způsob přístupu k psaní nazval: Leicastyl.

Bohumil Hrabal:
Jakpak se člověk stane spisovatelem

Za vším je jen příležitost.
Příležitost dělá zloděje i vztahy.

J. W. Goethe

„Spříznění volbou", jedna z nejzáhadnějších Goethových literárních prací, patří již dlouho k mým oblíbeným knihám. Dokonce jsem podle ní napsal i rozhlasové drama. Literární historikové se dohadují nejen o výkladech tohoto Goethova textu, ale i o tom, zda se jedná o román, či novelu. Ani Goethe si s tímto svým dílem nevěděl příliš rady a zničil jeho rukopisné varianty. K podobám spřízněnosti postav Goethova příběhu jsem si při práci na své rozhlasové hře poznamenal: „Nejde o duchovní souznění bytostí, ale o zvláštní harmonie spodních přírodních vrstev."

Fotografie Jiřího Hankeho jsem poznal už jako obdivovatel Goethovy knihy „Spříznění volbou". Hned jsem si uvědomil, že Hanke je „můj" člověk, neboť hledání „spřízněnosti" je i jeho téma. Nakládá s ním osobitě, po svém. Například jeho cyklus *Otisky generace* tvoří dvojportréty rodičů a dětí. „Ke vzniku tohoto souboru přispěly dvě věci," komentuje cyklus fotograf, „jednak jsem si všimnul nápadné podobnosti mezi mnou a mým otcem na fotografii z vernisáže, jednak jsem zaznamenal stejnou věc u rodiny Štíbrů, kterou jsem zachytil v rámci dokumentárního projektu v kladenské dělnické kolonii Podprůhon." Samozřejmě hledáme fyzickou podobnost. Ale důležitější jsou vzájemné vztahy portrétovaných, o kterých vypovídají bezděčná gesta, postoje, držení těla, doteky, oblečení. Celkem snadno se dovídáme, jestli se rodiče a děti nalézají v harmonickém spříznění, nebo se míjejí ku prospěchu vlastní volby, navzdory blízkosti existence toho druhého. Navzdory občas chybějícímu článku, jak ho známe z vývojových teorií, vědomí fotografického záznamu rodové kontinuity převažuje. Ke „svým" dvojicím se Hanke vrací s časovým odstupem, klidně třeba po sedmnácti letech. Spřízněnost dvojic tak nabývá nových rozměrů, někdy se dostavuje dříve nevídaná vřelost, jindy ironie, sebeironie, blaseovanost, odstup, utopie.

V projektu *Podnikatelé* Hanke po svém zobrazil polistopadovou generaci kladenských gründerských průkopníků soukromého podnikání: k jejich portrétům přidal snímky jejich podniků nebo nástrojů, vytvořil tak podivně spojité nádoby – Vladimír Stehlík jako King versus jeho upadající království Poldi, majitel nočního podniku v družné společnosti svých povadle obnažených zaměstnankyň, obchodník s potravinami a dveře jeho kšeftu v designu bezčasí staré dobré monarchie, kominík a jeho štětka vychází ze všech asi nejlépe… Jaký pán, takový krám. Nebo jaký krám… Spřízněnost se někdy projevuje tak lapidárně, až z ní mrazí, přestože i v Kladně původně mělo jít po období nesvobody o obrozené, a tudíž nadějné podnikání. Nadějně úspěšné a poctivé.

Někdy mám dojem, že se fotografu Jiřímu Hankemu takříkajíc mimochodem, chcete-li bez příčiny, daří přistihnout české dějiny při činu. Někteří jeho *Podnikatelé a jejich podniky*, snímky z cyklu *Pohledy z okna mého bytu*, který vznikal třiadvacet let u okna služebního bytu České spořitelny s výhledem na kladenské náměstí, by mohly být zařazeny do učebnic dějepisu, bez jediného slova komentáře, jako kapitoly samy o sobě.

Hledání Ameriky

V roce 1990 se konal v Houstonu foto festival, část expozice se organizátoři rozhodli věnovat českým autorům. Na vernisáž se tam od nás dostavilo deset fotografů, mezi kterými byl i Jiří Hanke. Měsíc cestoval po Spojených státech. Byl v newyorské katedrále, kde se za účasti Paula Newmana, Henryho Kissingera, Dizzy Gillespieho odehrál Koncert pro Václava Havla.

„V USA jsem si více méně pro sebe zachytil zajímavá místa," vzpomíná Jiří Hanke. „Po návratu si moje žena všimla podobnosti mezi fotografií brány nad cestou do texaského ranče a silnicí vedoucí k dolu Nosek u Tuchlovic. Postupně vznikl soubor, který hledá tvarové a dějové podobnosti mezi českou a americkou krajinou."

Ve dvojicích snímků fotograf nalézá spřízněnost strukturních obrysů krajin texaského venkova, Harlemu, Central Parku, Manhattanu, Long Islandu s Kladnem a prostorem středních Čech. Bytostný Středočech Hanke se v cyklu *Hledání Ameriky* ale stává Evropanem, do stavu spřízněnosti na kladenskou stranu povolává Basilej, Rujánu a bratislavskou Petržalku. Vytváří páry městských panoramat; parků; mostních konstrukcí a světa v jejich stínu, kde účel stavby ztrácí svůj smysl; newyorské Flatiron Building a jedné kladenské restaurace; nadčasové krásy českých i amerických koňských těl; paralelních prostorů pro reklamy, jejichž ikonické instalace, třeba na objednávku firmy Camel, kolonizují náš svět; aut, karavanů, maringotek, coby novodobé podoby naší nomádské samoty; vrakovišť; lidí z okraje – Ameriku reprezentují bezdomovci, na naší straně nastupují i důchodci-kutilové – a všichni jako by vypadli z jedné divadelní komedie.

Nadčasový svět periferie

Hanke je fotografem městské i – zejména v tomto cyklu – venkovské periferie, její nostalgie, jejího klopýtavého času, její osobité poezie s přerývanými linkami krásy rozpadajících se továren, domů, aut, venkovských úhorů, zapomenutých transparentů a slávy, vyvanutého patosu, a navracející se přírody nemilosrdně zahrnující s poněkud hororovým nasazením minulé industriální časy do zapomnění (vzpomeňme si na Funkeho cyklus Země nenasycená). Hanke diagnostikuje svým černobílým rukopisem – sázejícím na abstraktní zjednodušení a přímočarost – přítomnost periferie i na místech, kde jiní spatřují pupek světa, tedy i v Americe, v autosalonech, nákupních centrech, v mrtvých zákoutích masových oslav a třeštění spřízněnosti stejně naladěných davů, v labyrintu dálnic, křižovatek, nájezdů. Hankeho periferie má globální rozměr. Na periferii jsme si všichni rovni. Středočeši od Kladna s Američany z Manhattanu.

Některé dvojice fotografií navozují stav absurdní hříčky: tvarová podoba souzní, ale obsahy jdou proti sobě, estetická spřízněnost uhlazuje rozdílnost světa bohatství a chudoby (česká limuzína z předlistopadového času se potkává s americkým bourákem jako by se nechumelilo, a dnes se opravdu nechumelí). Melancholická groteska, tak bych nazval Hankeho černobílý svět *Hledání Ameriky*.

Nejen Hankeho estetizované pojetí spřízněnosti Ameriky a nás, kteří si v *Hledání Ameriky* prohlížíme dvojice snímků, ale i jeho empatické vnímání osudů lidí z okraje, venkovské a městské krajiny vyčerpané gründerskými nápory nebo jen opuštěné, povznáší, neboť nalézá duši i na místech, kde jiní spatřují prázdno.

Jiří Kamen

The Elective Affinities of Photographer Jiří Hanke

*Eman Frynta once told me that with my writing
I try to capture man at the peak of his spoken situation just as photographers
try to do with a snapshot. And he added that he would call
such an approach to writing "Leicastyle".*

Bohumil Hrabal
How One Becomes a Writer

*Behind everything is only opportunity.
Opportunity makes relationships just as it makes thieves.*

J. W. Goethe

My favorite book – on which I even based a radio play – is Elective Affinities, one of Goethe's most mysterious literary works. Literary historians argue not only about its interpretation, but also whether Elective Affinities is a novel or a novella. Not even Goethe knew how to deal with this work, preferring to destroy its manuscripts. As I worked on my radio play, I wrote the following about the forms of affinities among Goethe's characters: "It is not a spiritual consonance of beings, but a strange harmony of lower natural layers."

I first encountered Jiří Hanke's photographs as an admirer of Goethe's Natural Affinities. And I realized right away that here was "my" kind of person, for the search for "affinities" is Hanke's theme as well, one with which he works in his own personal manner. For instance, the series The Echoes of a Generation consists of double portraits of parents with their children. "This series was inspired by two things," says Hanke. "For one, I noticed the striking similarity between me and my father on a photograph from an exhibition opening. And I noticed the same thing among the Štíbr family, whom I was photographing as part of my documentary project in Kladno's Podprůhon working-class neighborhood." We naturally seek out physical similarities. But even more important are the interrelationships among the subjects of the portraits, which can be seen in unconscious body language, attitudes, posture, touch, clothing. We can discdern quite easily whether the parents and children exist in harmonious affinity or whether they fail to connect in favor of following their own choices, despite the nearness of the other person's being. Despite the occasional missing link as known from evolutionary theory, the consciousness of the photographic record of family continuity prevails. Hanke returned to "his" pairs after some time, even as much as 17 years later. The two subjects' affinity thus takes on new dimensions. Sometimes we see a previously unseen warmth; elsewhere there is irony, self-irony, indifference, distance, utopia.

In Entrepreneurs, Hanke depicted the post-1989 generation of Kladno's pioneers of private enterprise in his own unique way: With their portraits, he included photographs of their businesses or equipment, thus creating strangely interconnected vessels – Vladimír Stehlík as a king, versus his declining kingdom of Poldi; the owner of a strip club in the gregarious company of his naked drooping employees; a merchant with groceries by the door to his shop, designed in the timeless style of the good old monarchy. Of them all, the chimney-sweep with his brush probably fares best… You can tell a man by his shop. Or you can tell a shop by… Affinity sometimes expresses itself so succinctly that it sends a chill down your spine, although even in Kladno it was originally meant to be a period of renewed (and thus hopeful) enterprise following a period of oppression. Hopeful, successful, and honest.

I sometimes get the impression that, as a photographer, Jiří Hanke succeeded in catching Czech history in the act just by happenstance (one might say without cause). Some of his entrepreneurs and their businesses – like the photographs from Views from the Window of My Flat, which he shot over the course of 23 years from the window of his Czech Savings Bank company flat overlooking Kladno's main square – could be included into history textbooks without a single commentary, as chapters in and of themselves.

In search of America

At the 1990 Houston FotoFest, the organizers decided to include a section on Czech photographers. Ten of them attended the opening reception, including Hanke, who spent a month traveling across the United States. He was at the New York cathedral when it hosted a "Concert for Václav Havel" featuring Paul Newman, Henry Kissinger, and Dizzy Gillespie.

"In the United States, I photographed interesting places, more or less for myself," Hanke remembers. "After retuning home, my wife noticed similarities between a photograph of a gate to a Texas ranch and a picture of the road leading to the Nosek mine near Tuchlovice. Over time, I put together a series that explores formal and dramatic similarities between the Czech and the American landscape."

In pairs of photographs, Hanke finds affinities between the structural contours of the Texas countryside, Harlem, Central Park, Manhattan and Long

Island on the one hand, and Kladno and central Bohemia on the other. A central Bohemian to the core, with In Search of America Hanke nevertheless becomes a European, placing Basel, Rügen, and Bratislava's Petržalka neighborhood on Kladno's side of the equation. He creates pairs of urban panoramas and parks; bridges and the world in their shadow where the structure's purpose loses all meaning; New York's Flatiron Building and a Kladno restaurant; the timeless beauty of Czech and American horses; parallel advertising surfaces whose iconic installations (for instance, for Camel cigarettes) colonize our world; cars, campers, and trailers as modern forms of our nomadic solitude; junkyards; and people from the margins – America represented by the homeless, the Czech Republic by retirees working on their DIY projects, all of them looking as if taken from the same comic play.

The timeless world of the periphery

Hanke is a photographer of the urban and – especially in this series – rural periphery, including its nostalgia, its stumbling flow of time, its distinctive poetry with the ragged beauty of dilapidated factories, houses, cars, abandoned fields, forgotten banners and faded glory, withered pathos, and the merciless return of nature casting the industrial past into oblivion with terrifying fervor (remember Funke's series Unsaturated Land). With his black-and-white touch and abstract simplicity and directness, Hanke finds the periphery even in places that are otherwise considered the center of the world – i.e., even in America, in its car dealerships and shopping centers, in the lifeless corners of public festivities and the delirious affinity of the masses, in the labyrinth of freeways, intersections and on-ramps. Hanke's periphery is global in scale. On the periphery, we are all equal. Central Bohemians from Kladno and Americans from Manhattan.

Some photographic pairs engage in an absurd interplay: there is a visual similarity, but a clash of content; the aesthetic affinity is diminished by the difference between the worlds of wealth and poverty. (A pre-1989 Czech limousine meets an American gas guzzler like it's no big deal, which today it really isn't.) A melancholic grotesque – that is how I would describe Hanke's black-and-white Searching for America.

Hanke's aesthetic view of the affinities between America and the viewers of these photographic pairs – and his empathetic depiction of people on the margin, of a rural and urban landscape exhausted or merely abandoned by the post-communist transformation – presents an uplifting experience, for he is capable of discovering the soul of places where others see only emptiness.

Jiří Kamen

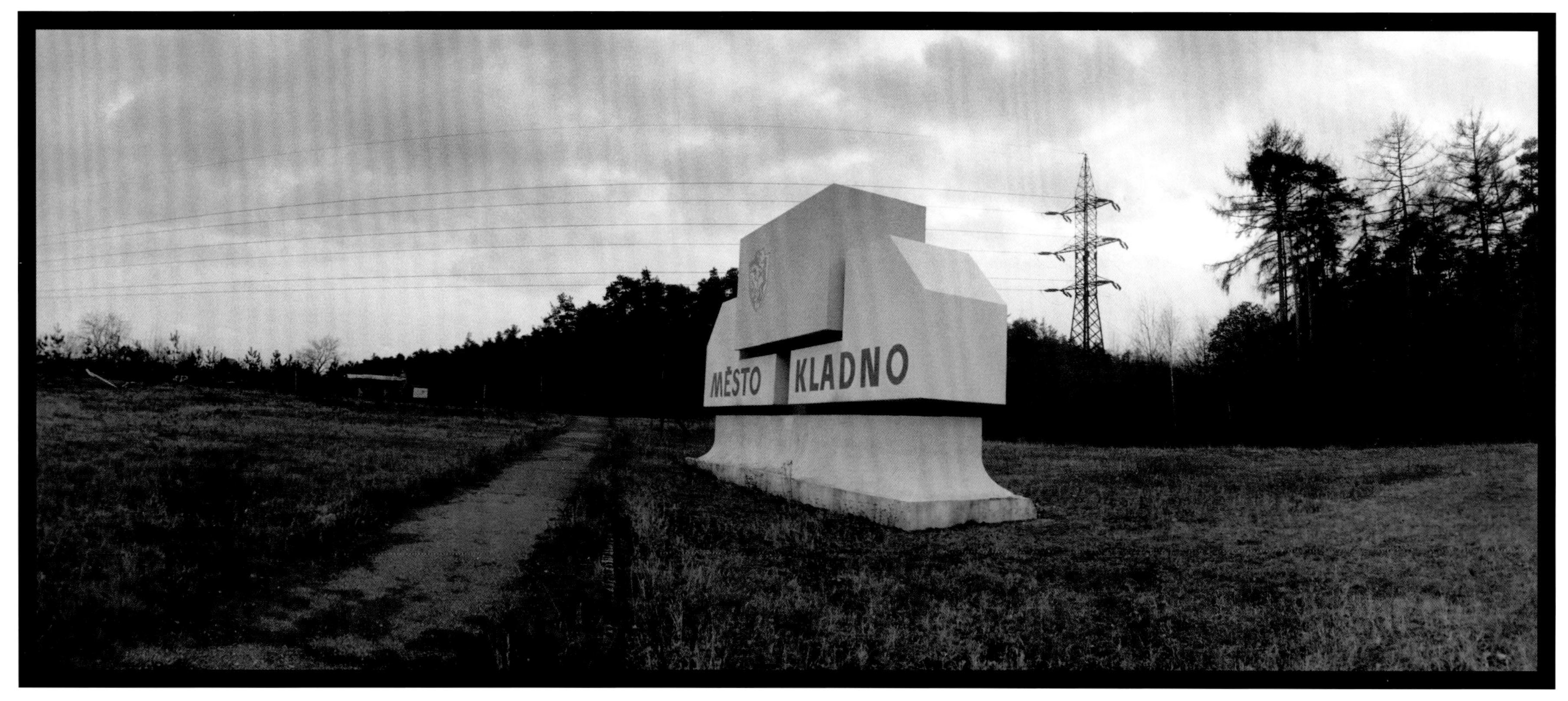

Kladno, 1992

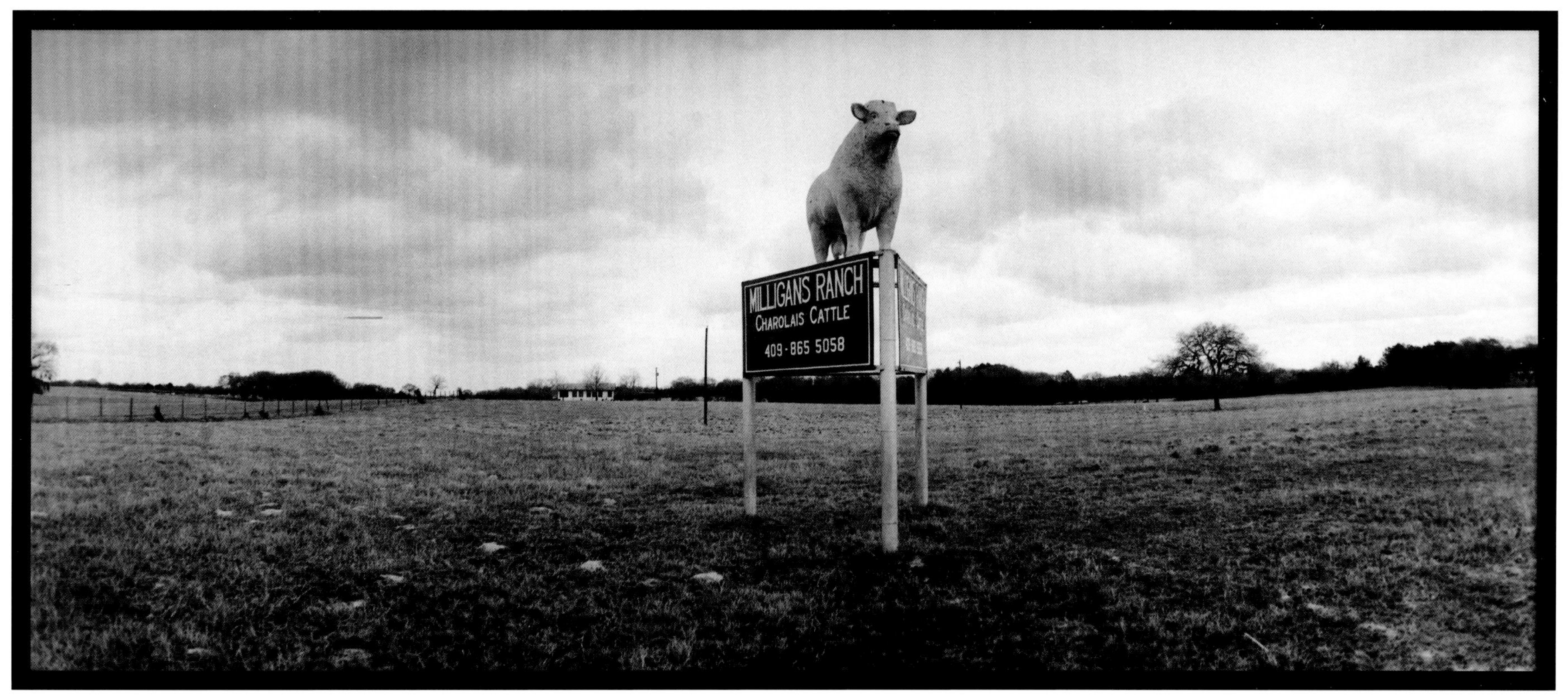

Milligans Ranch, Texas, 1990

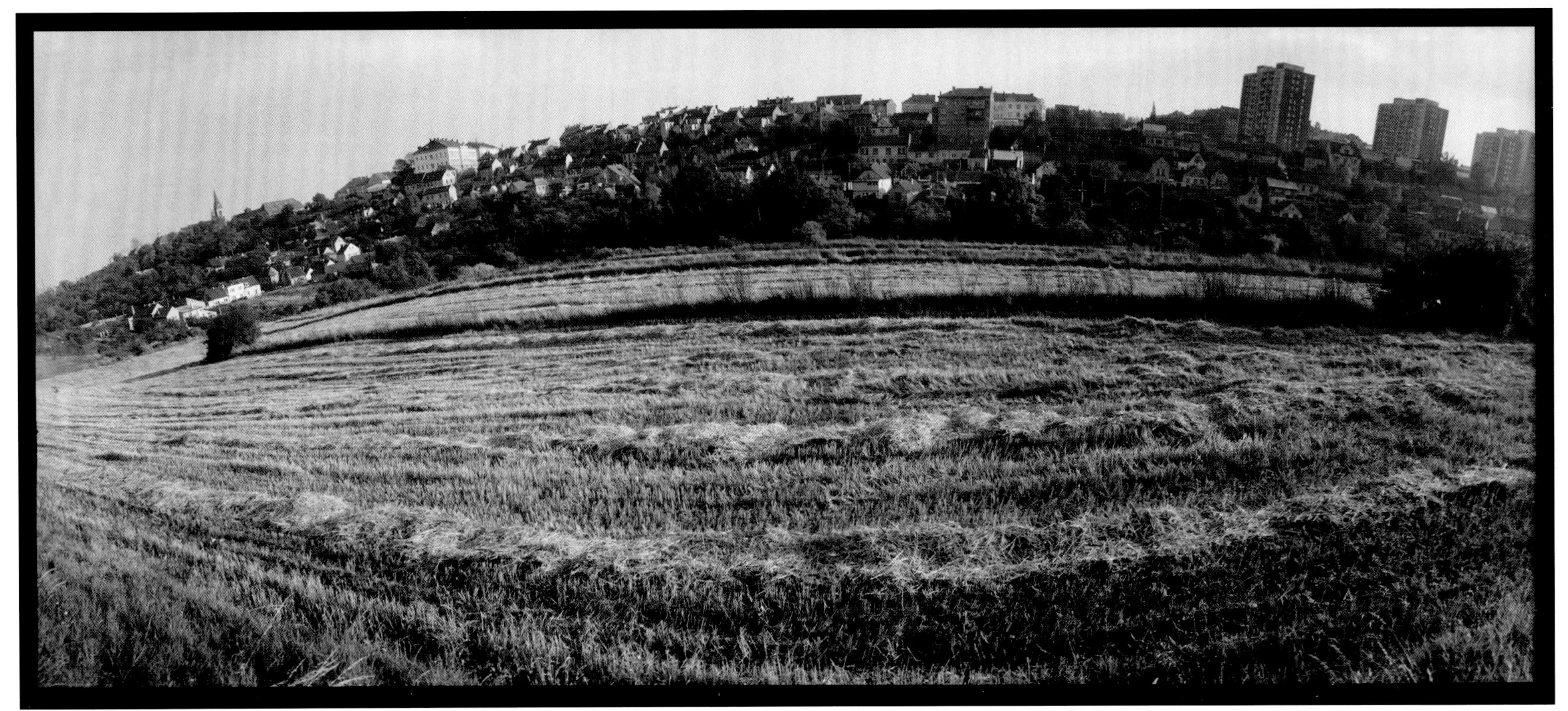

Kladno, 1992

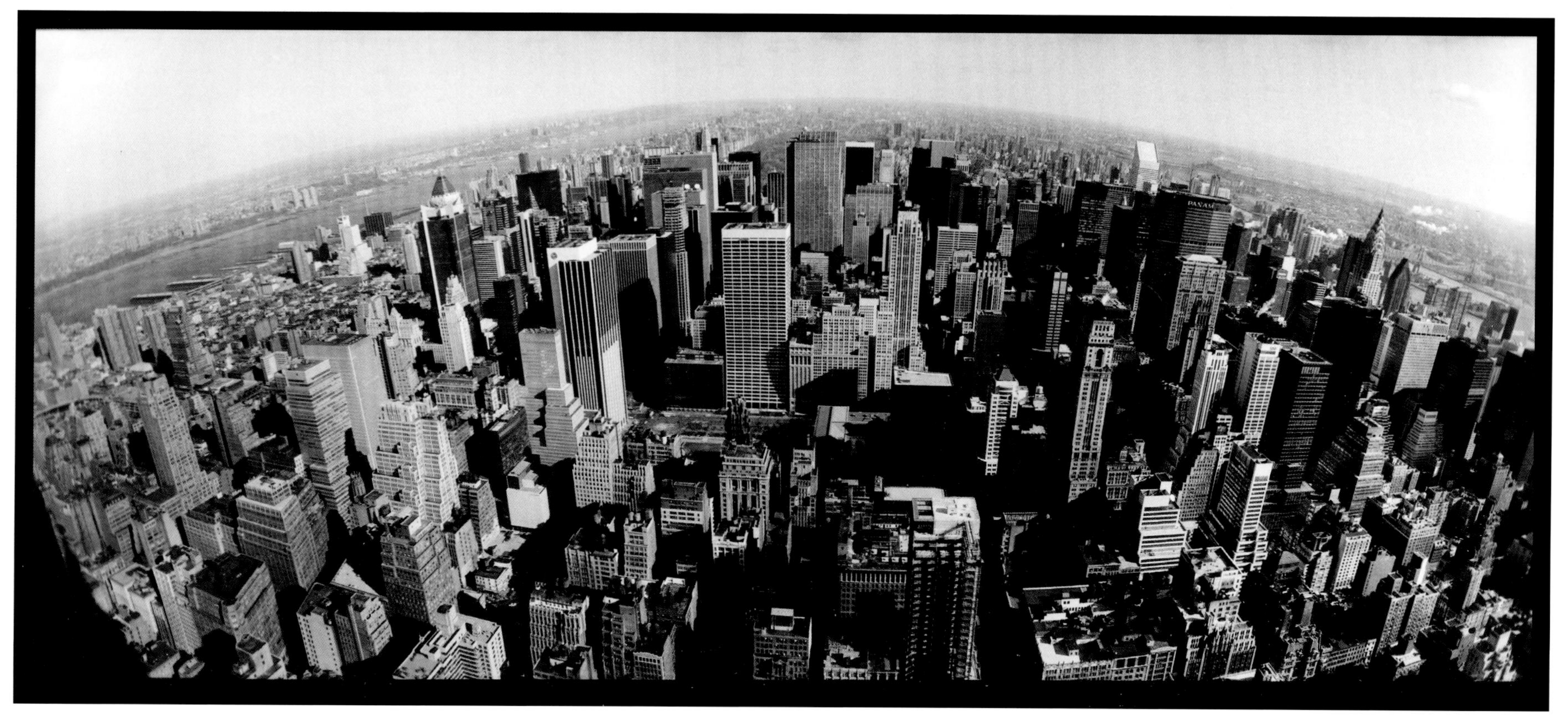

Manhattan, New York, 1990

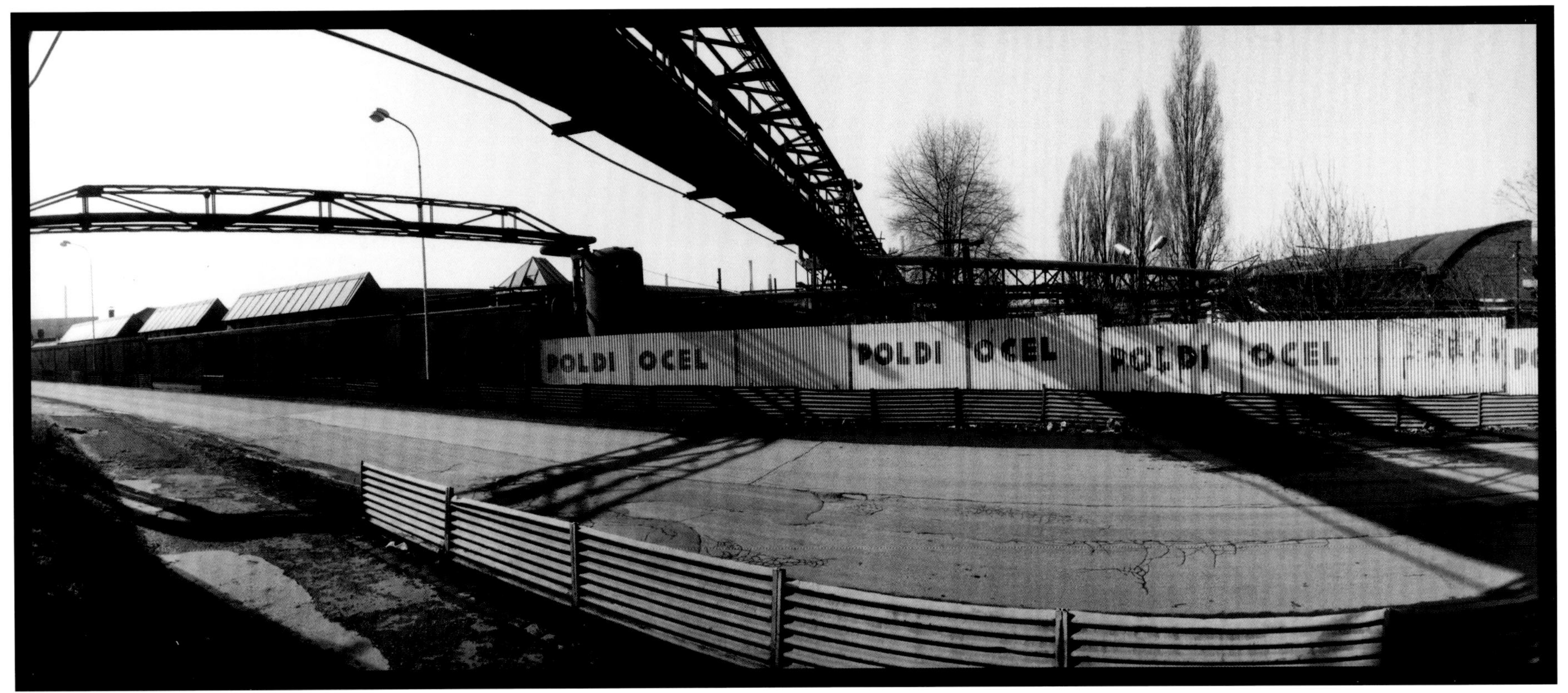

Kladno, 1992

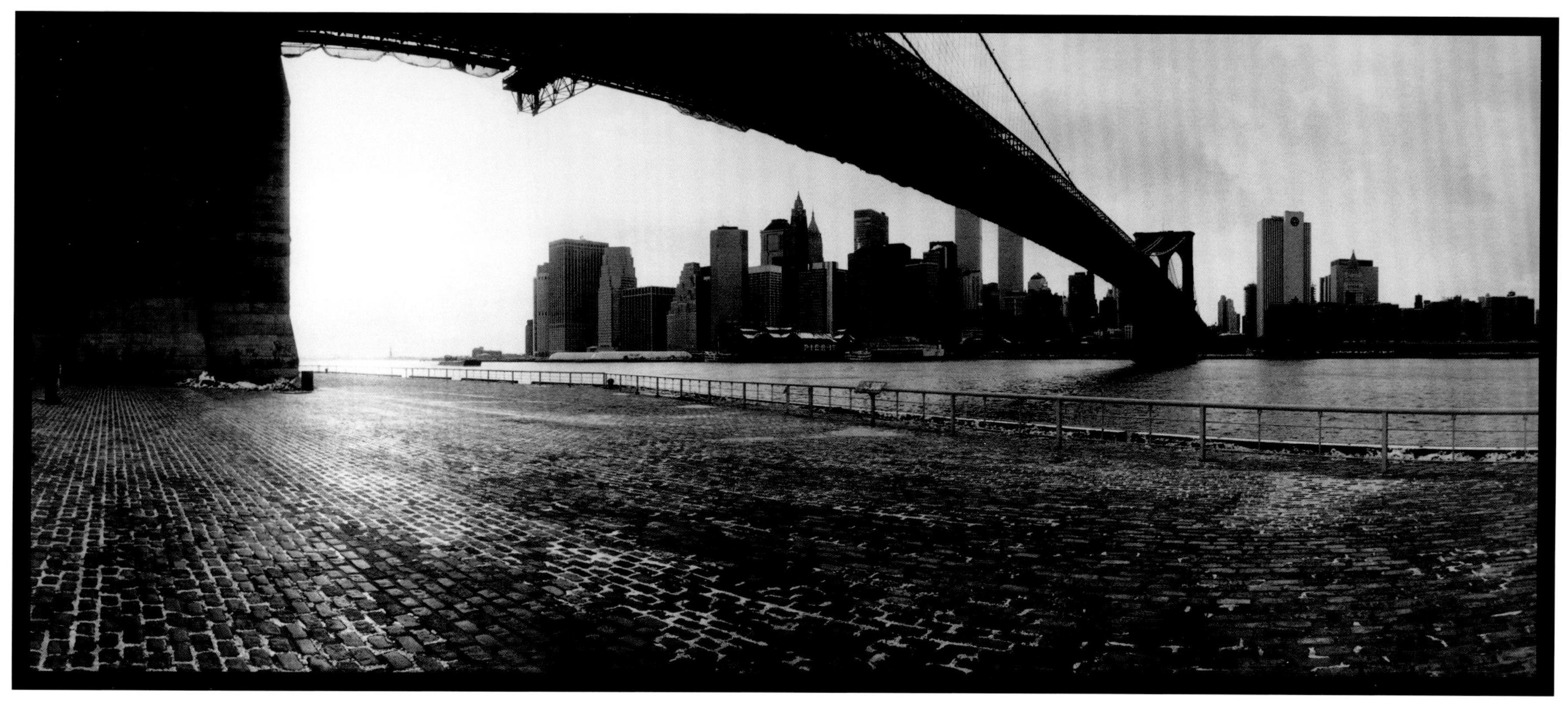

Brooklyn Bridge, New York 1990

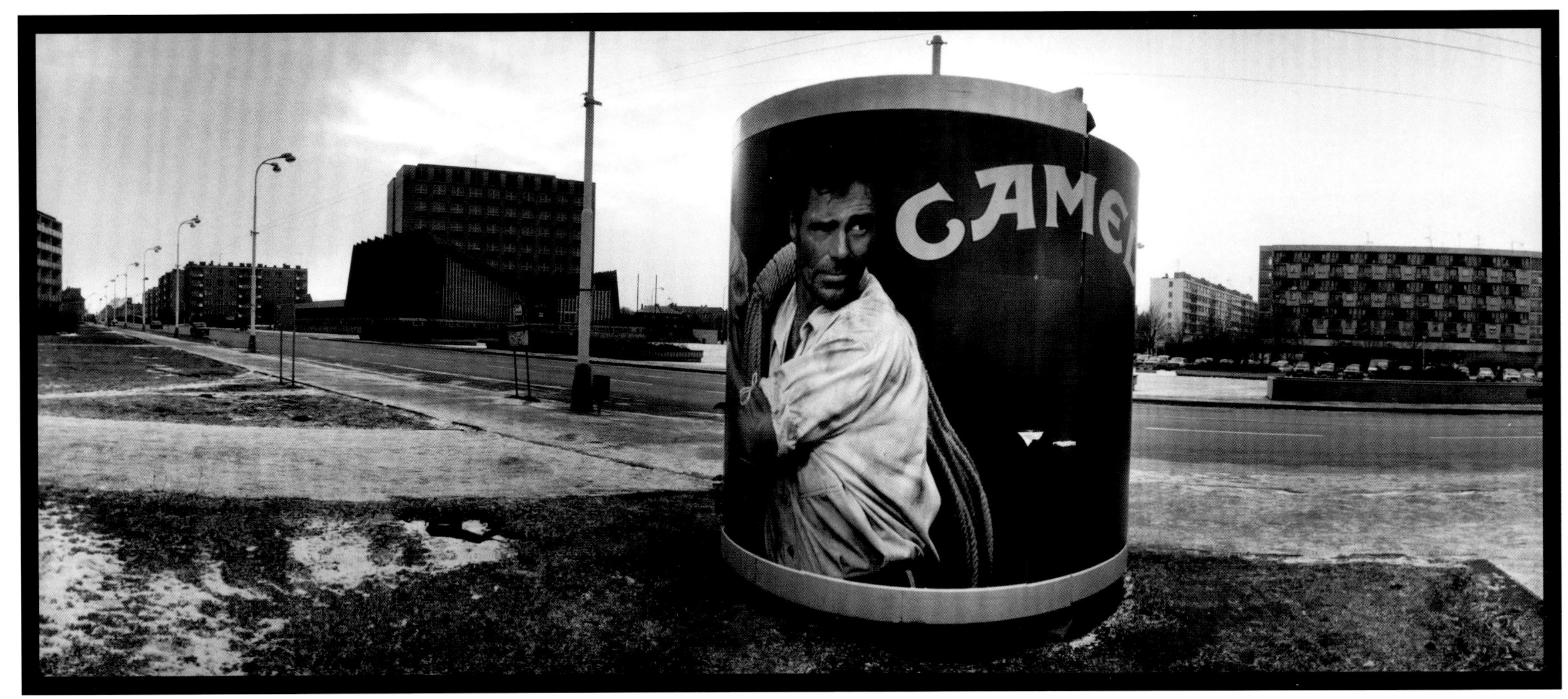

Kladno, 1992

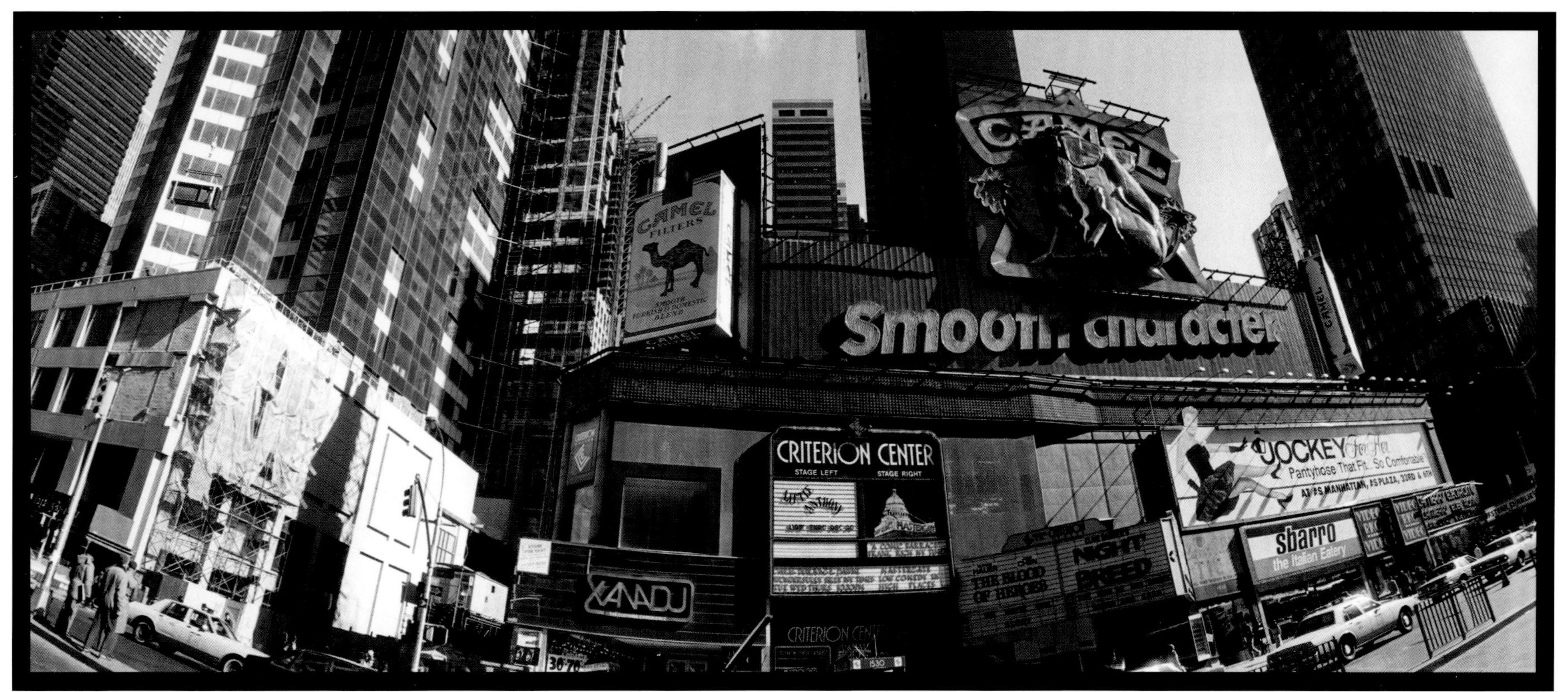

Manhattan, New York, 1990

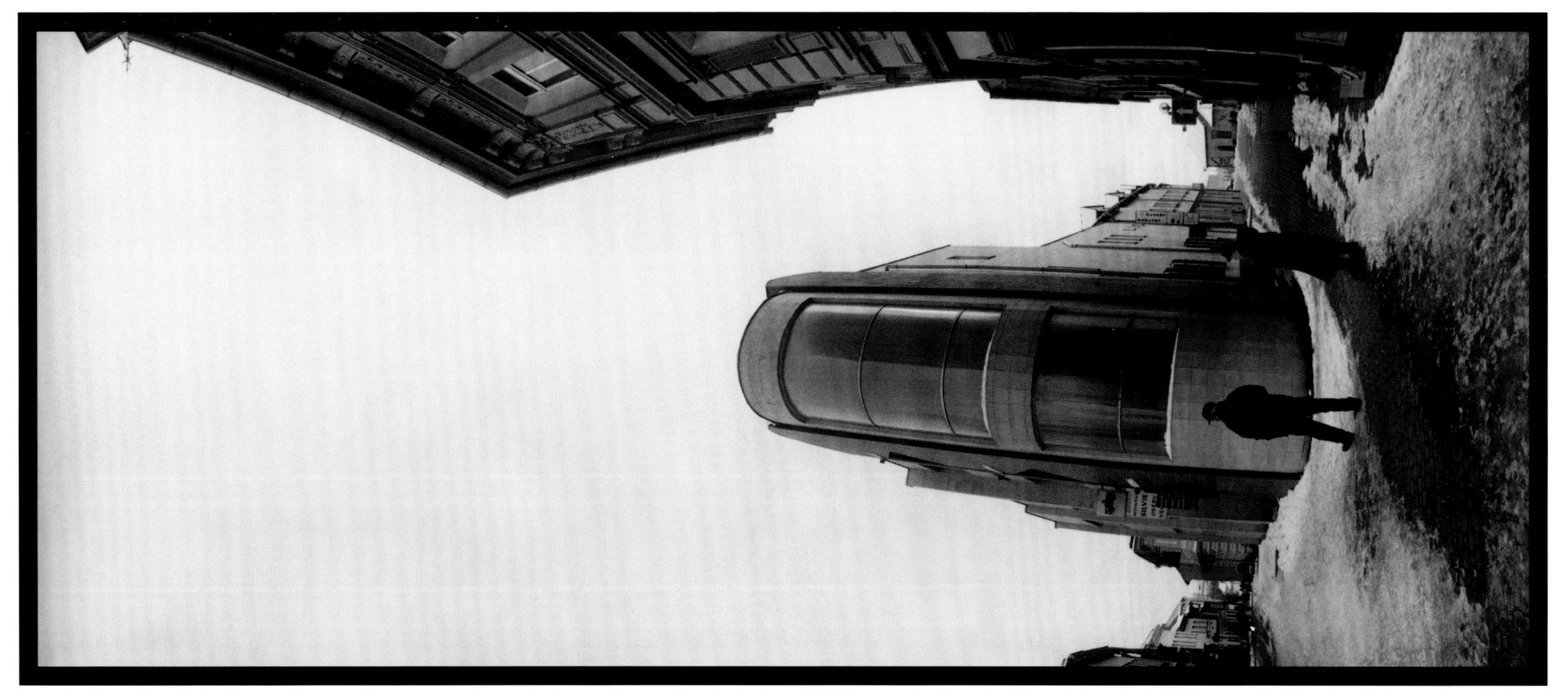

Kladno, 2002

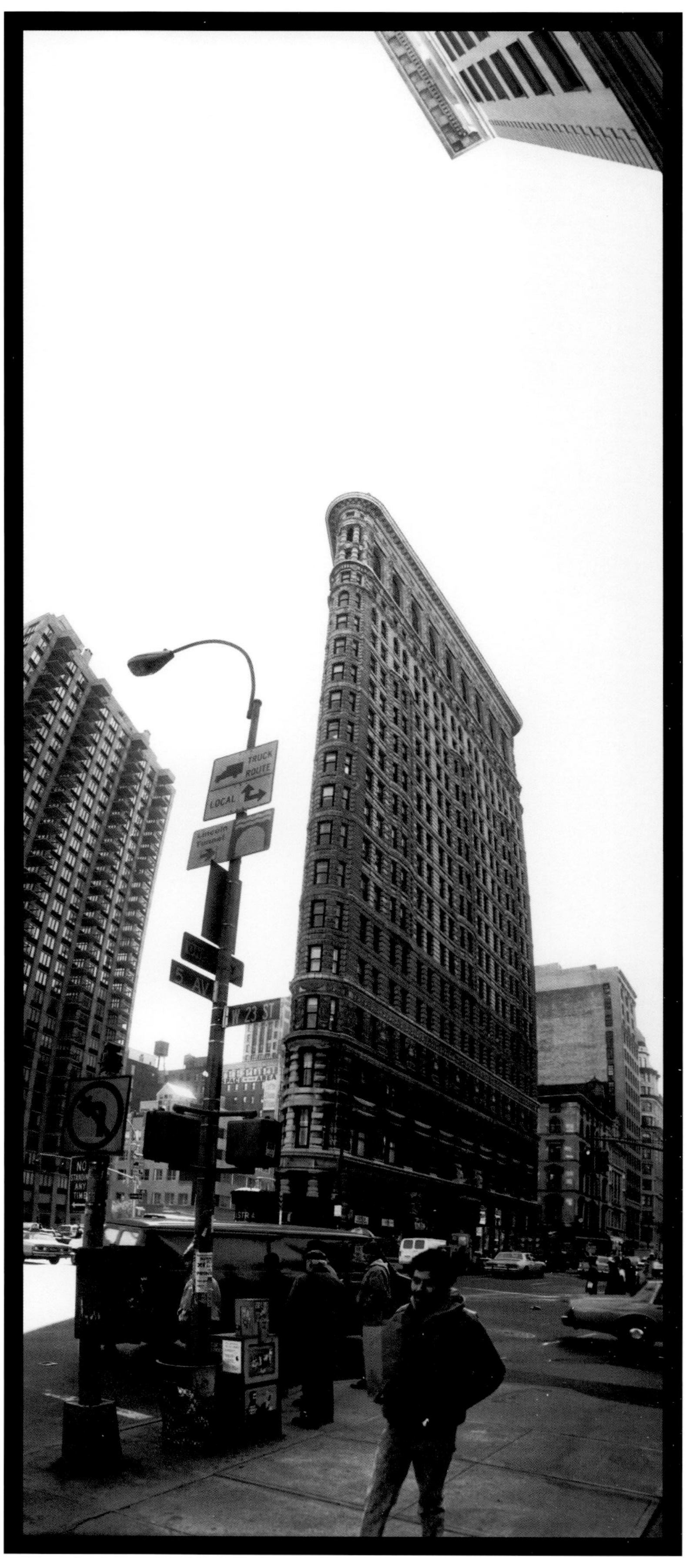

Flat-Iron Building, New York, 1990

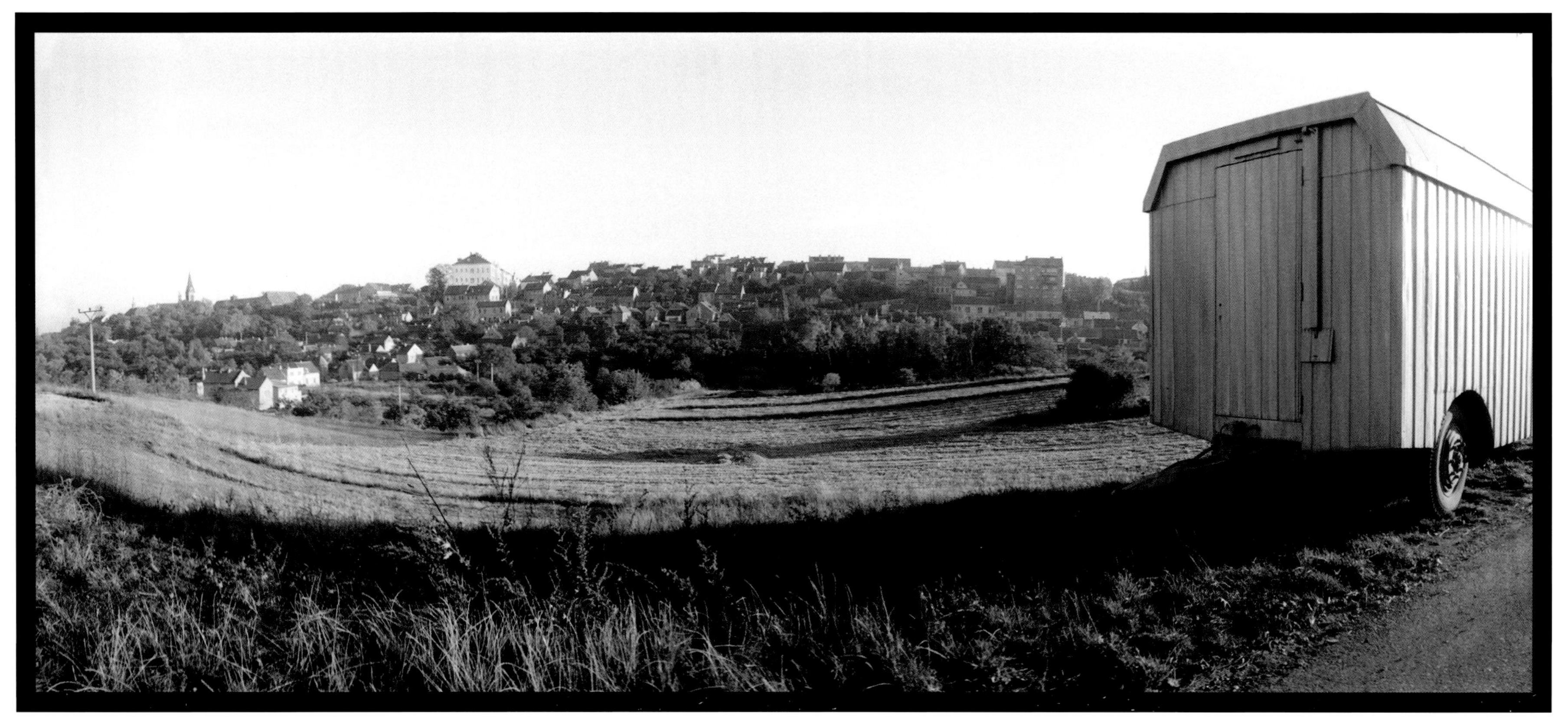

Kladno, 1982

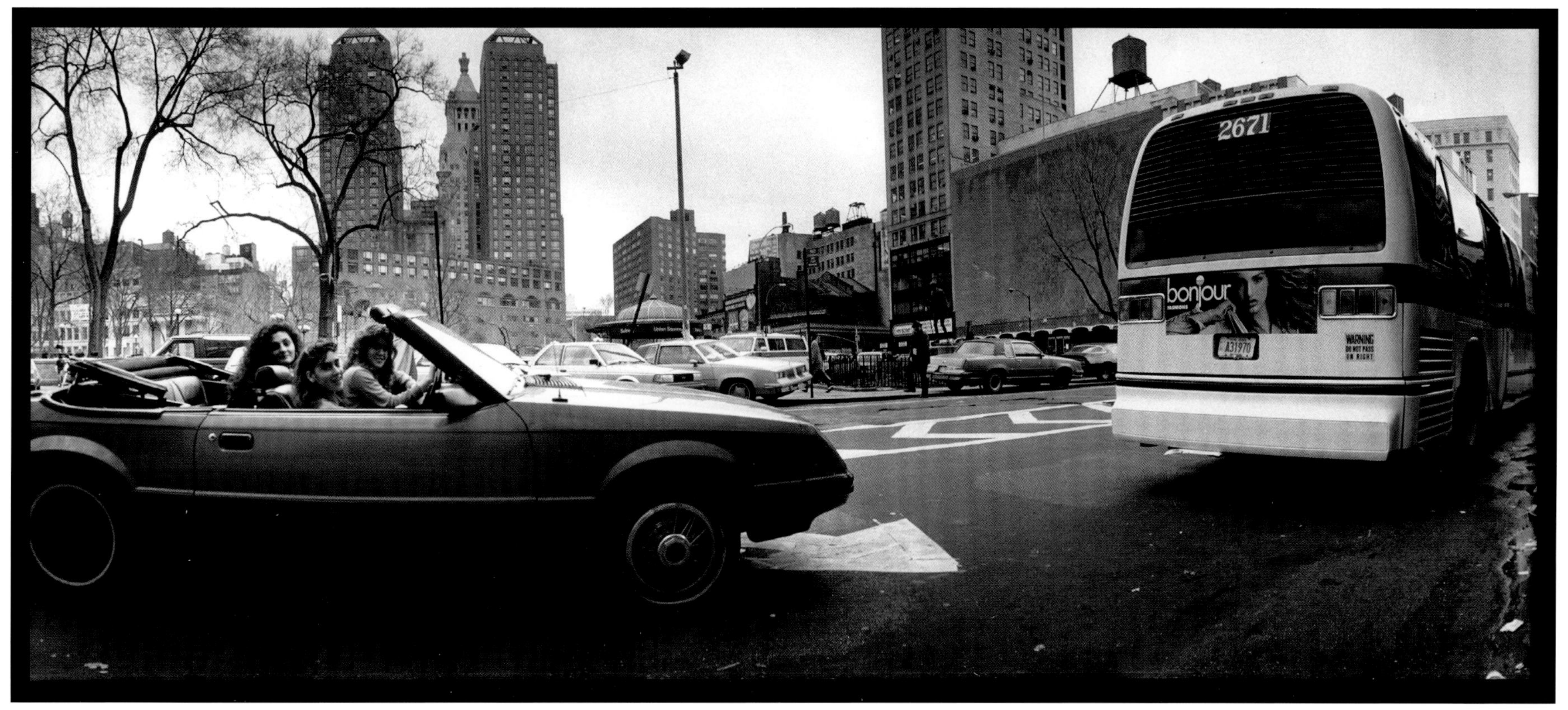

Manhattan, New York, 1990

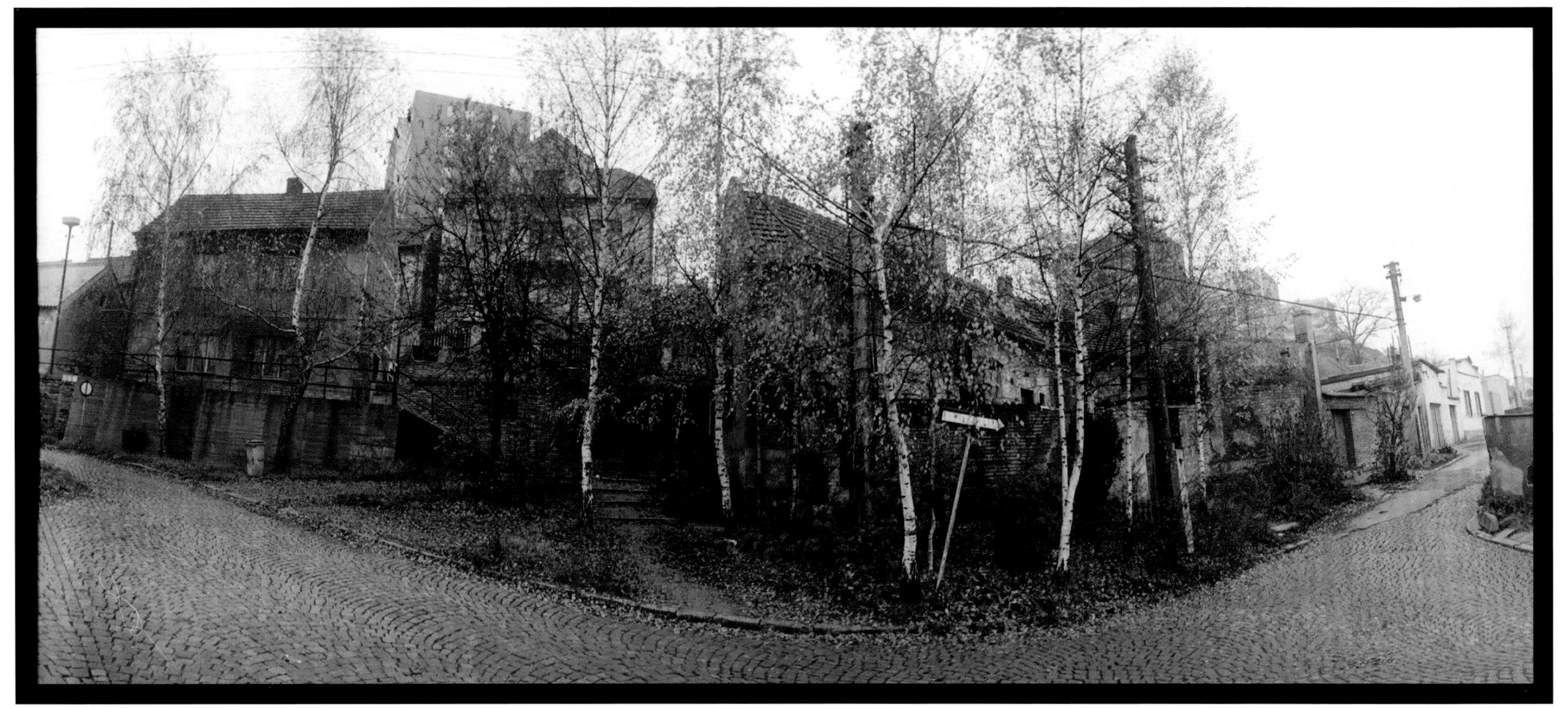

Kladno, 1982

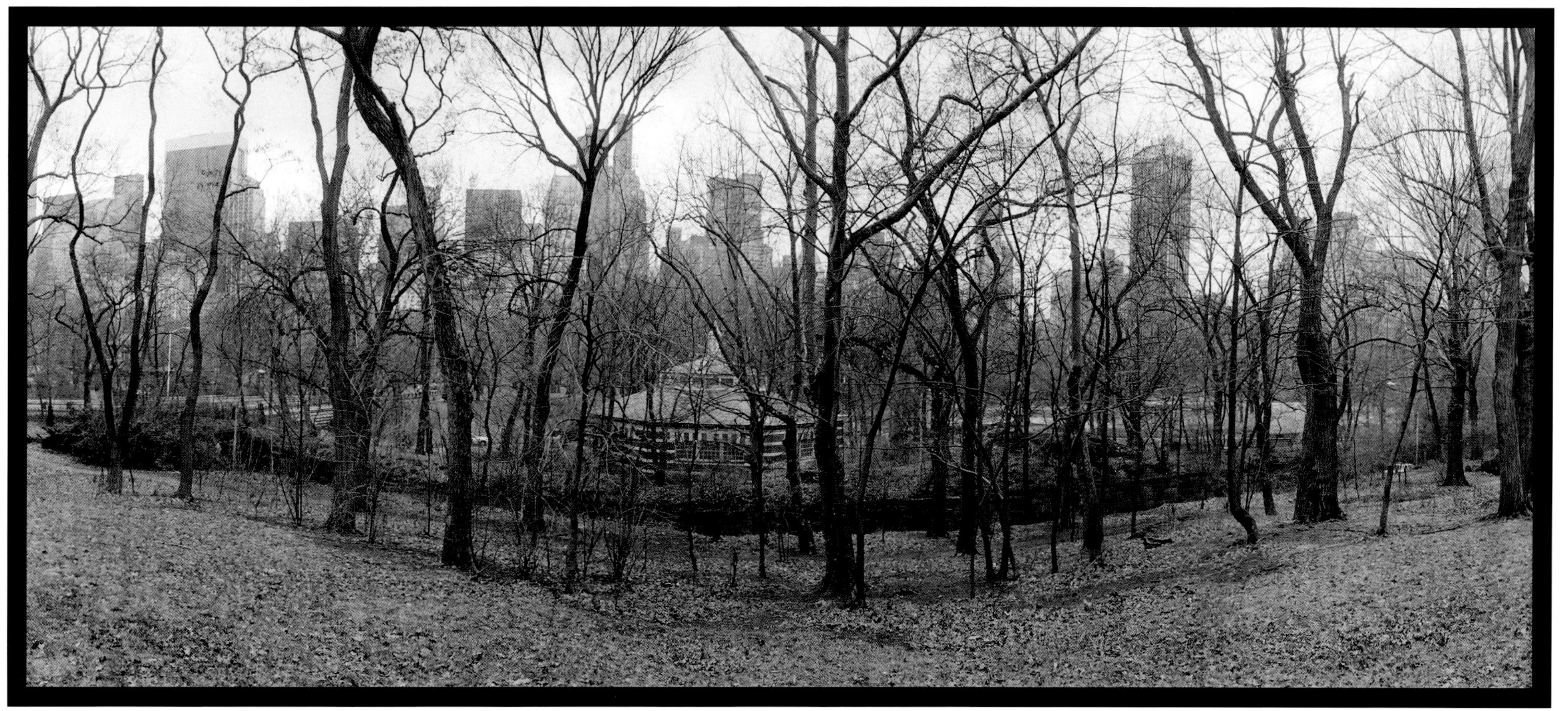

Central Park, New York, 1990

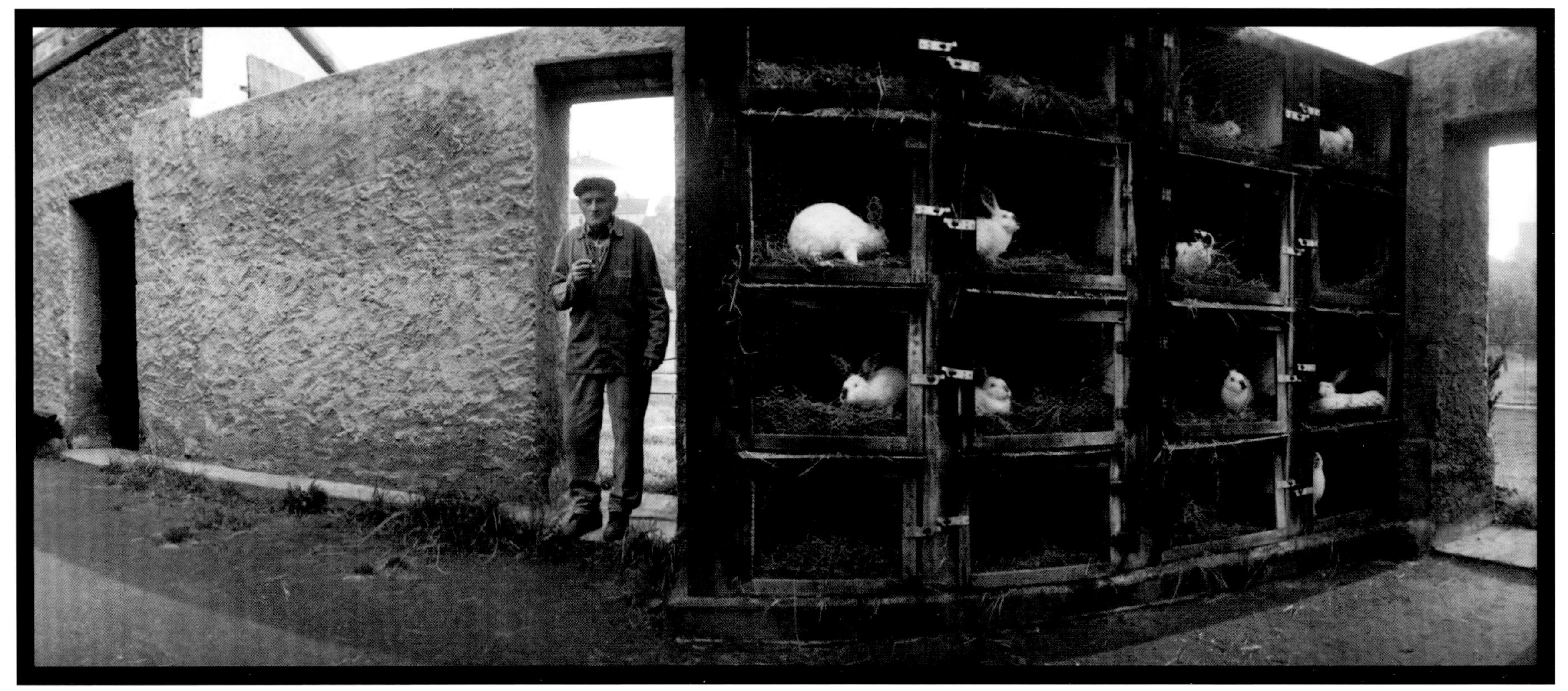

Kladno, 1982

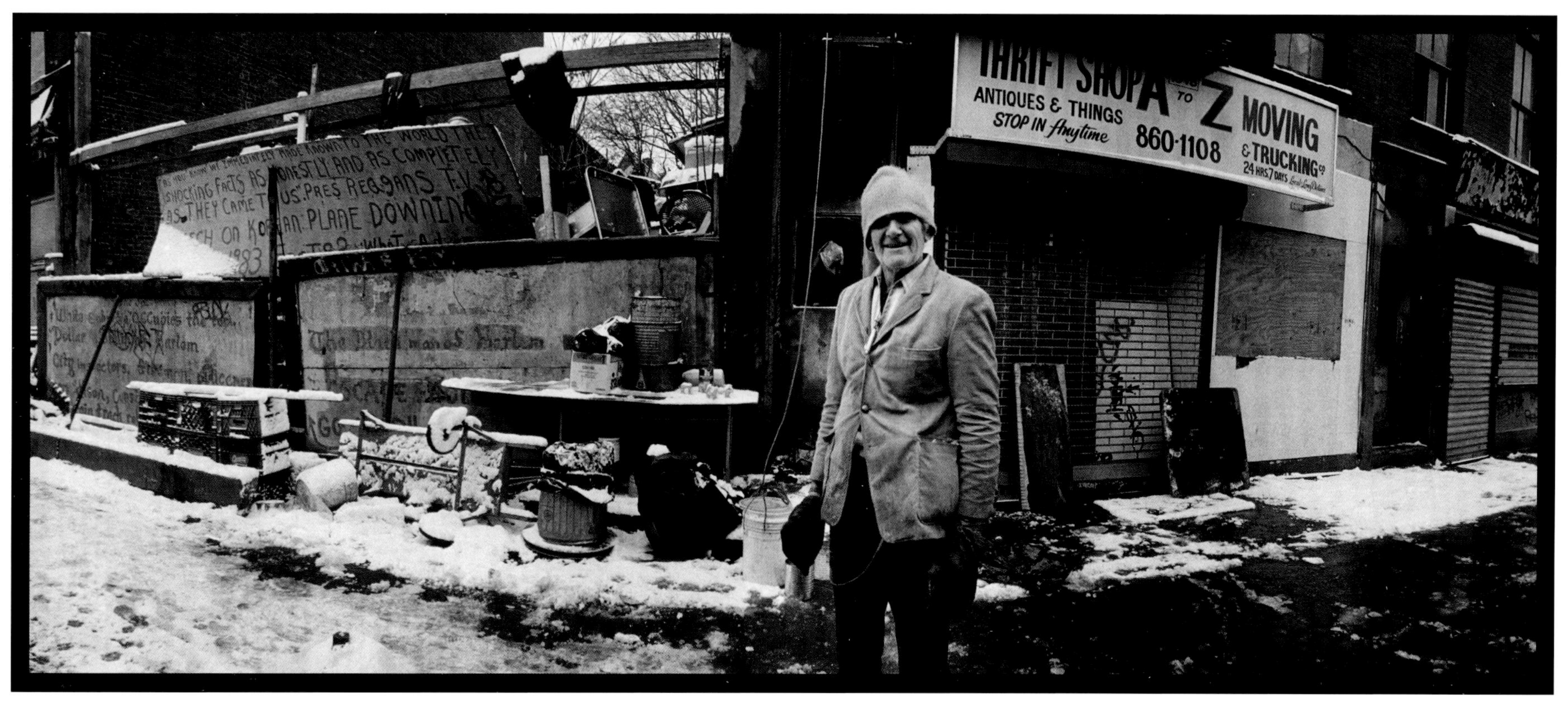

Harlem, New York, 1990

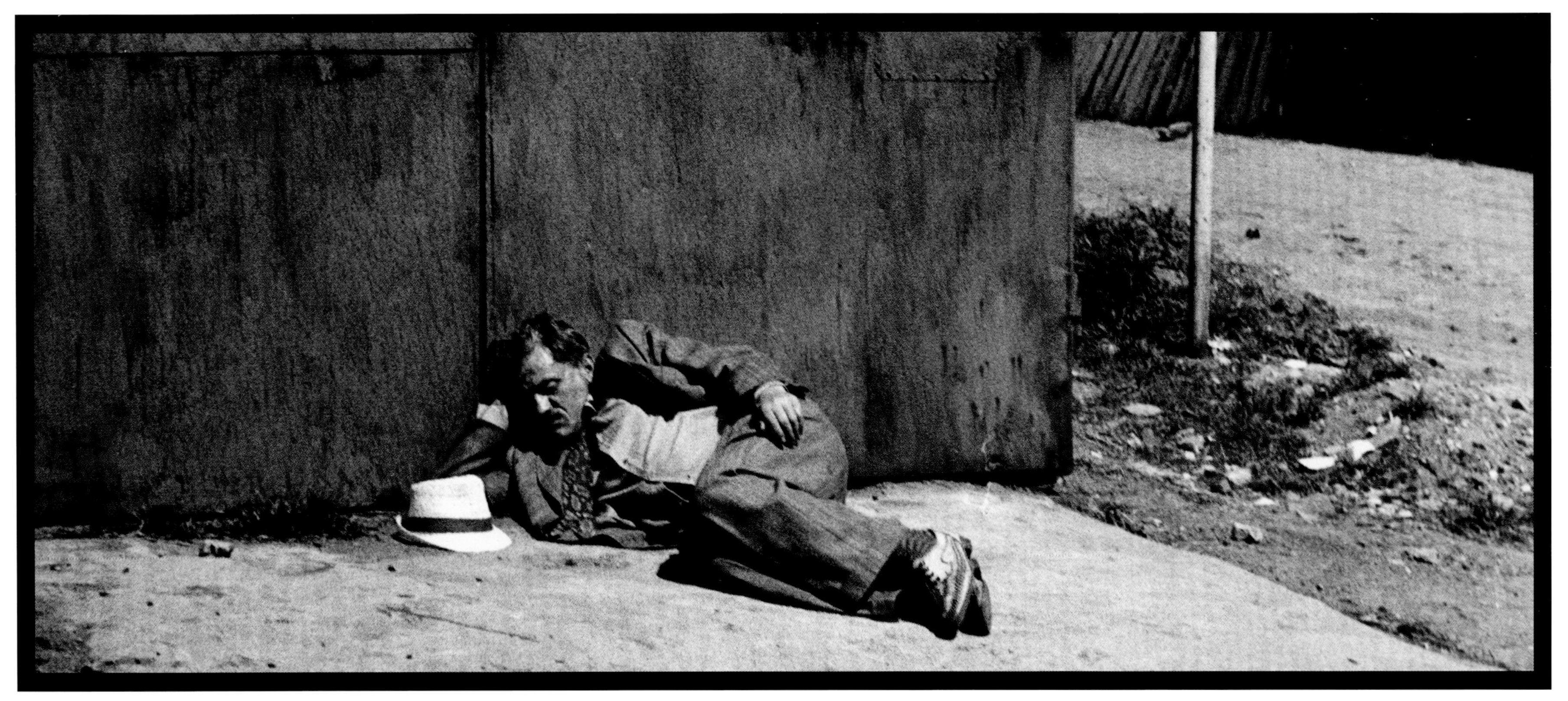

Kladno, 1975

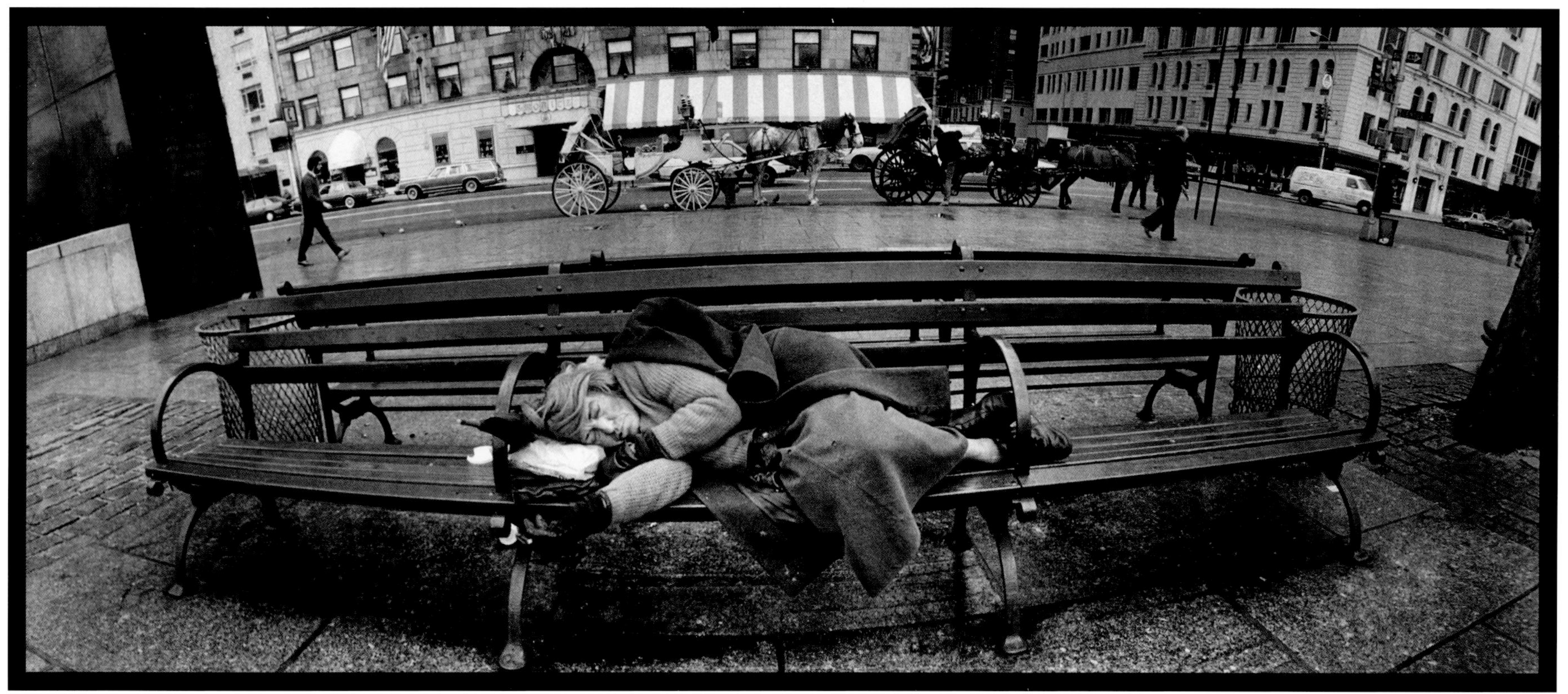

29

Manhattan, New York, 1990

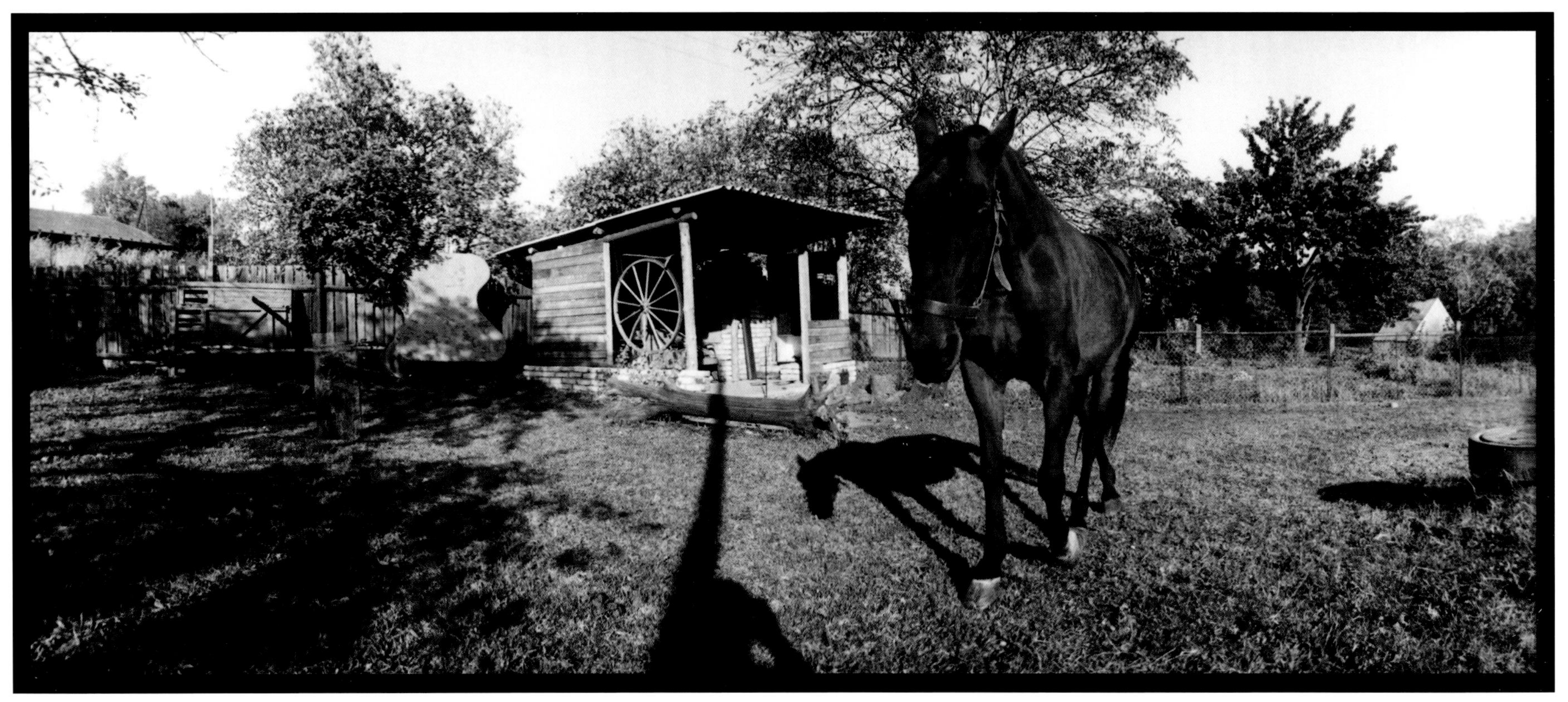

Kladno, 1985

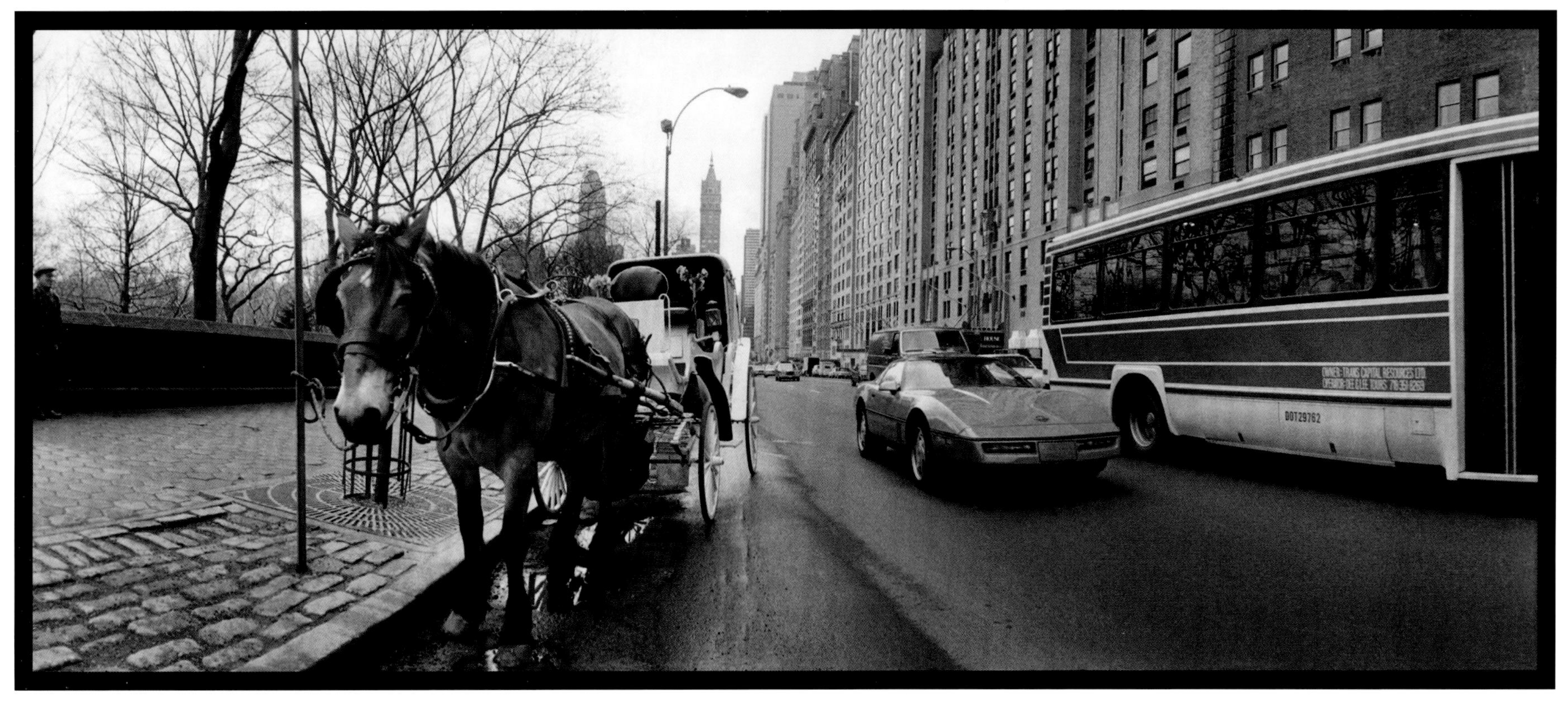

Manhattan, New York, 1990

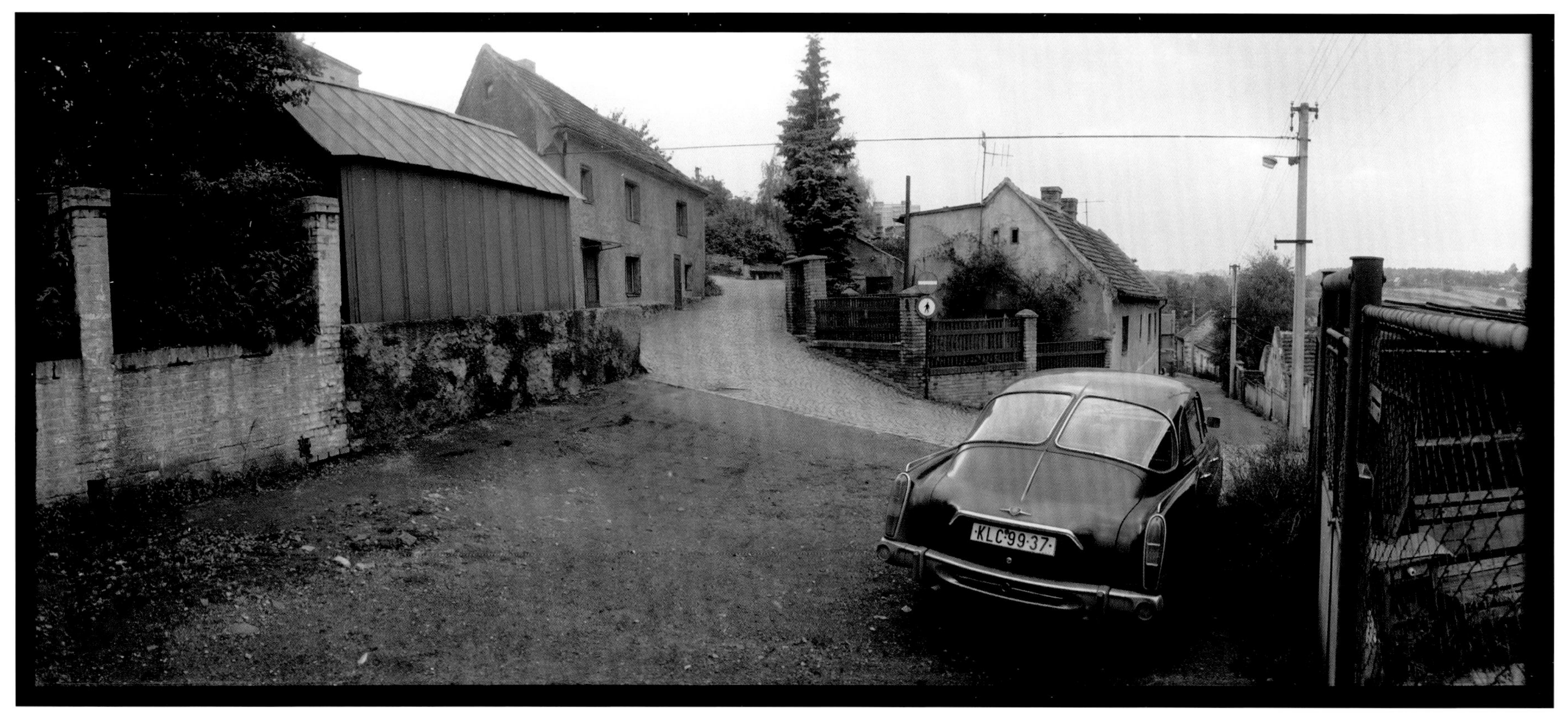

Kladno, 1982

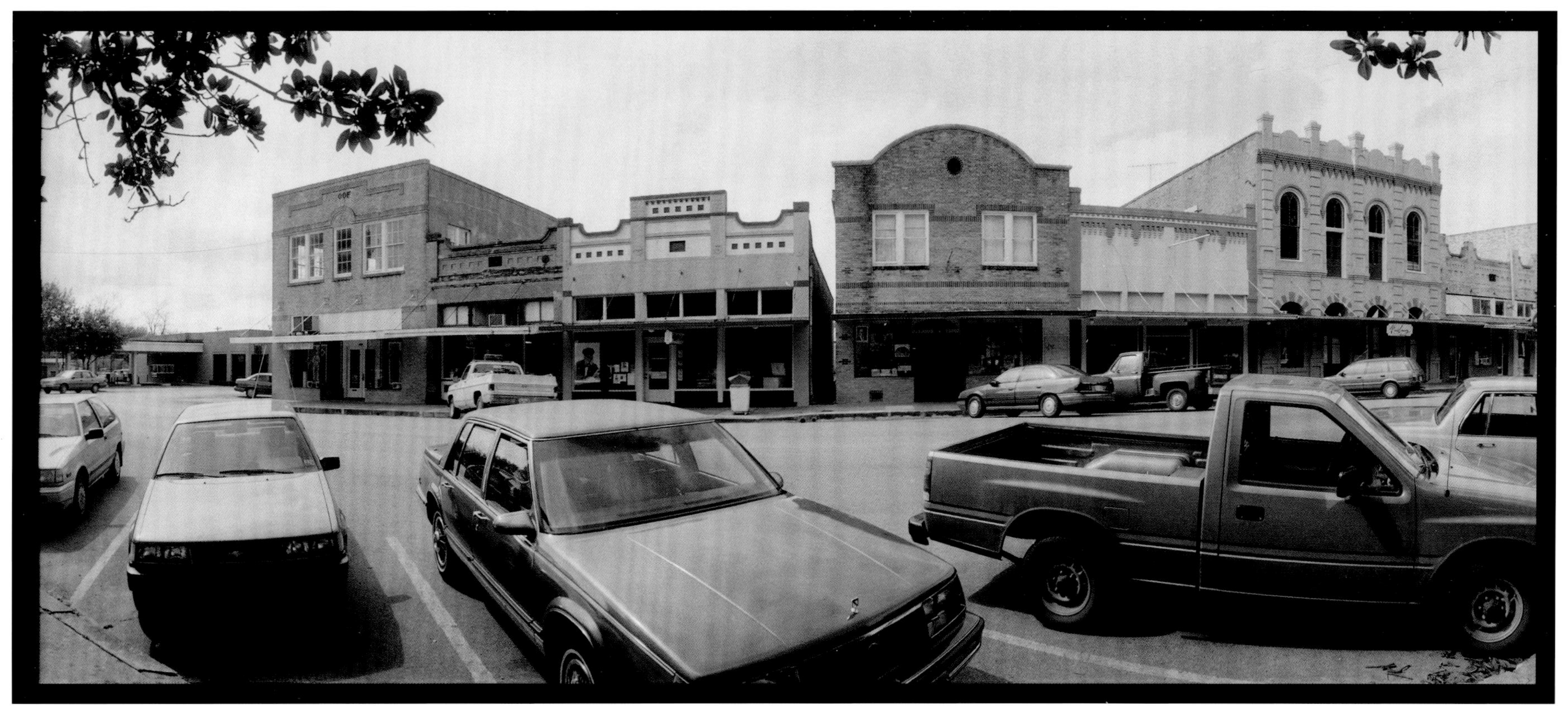

Columbus, Texas, 1990

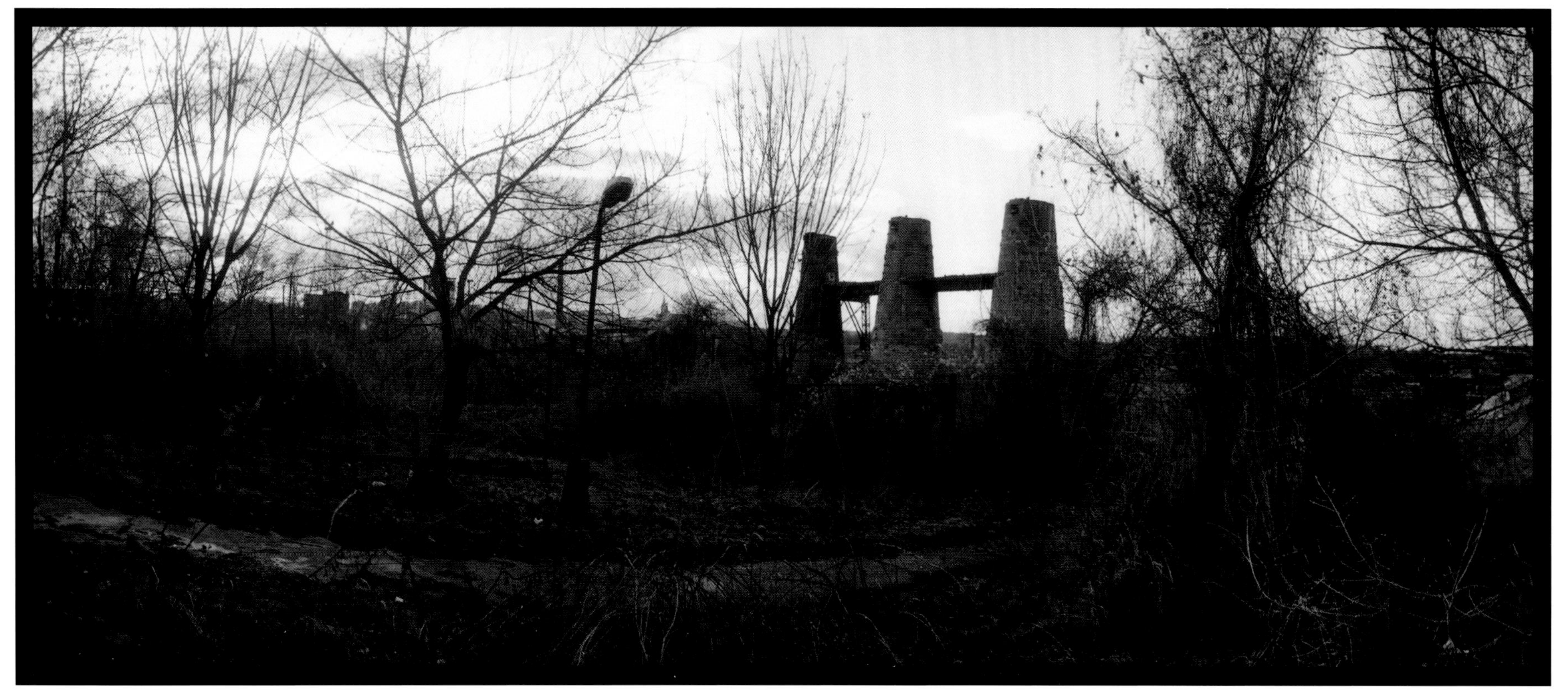

Kladno, 2002

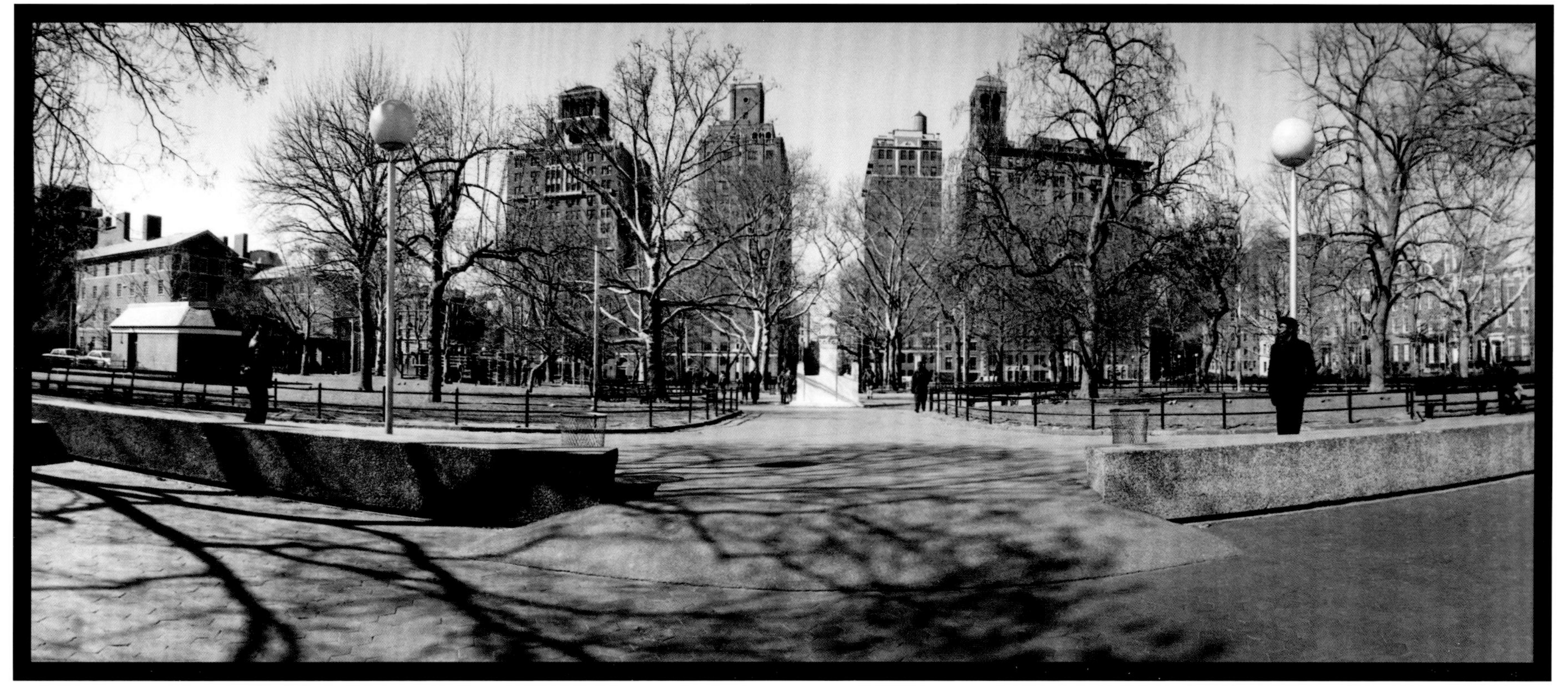

Manhattan, New York, 1990

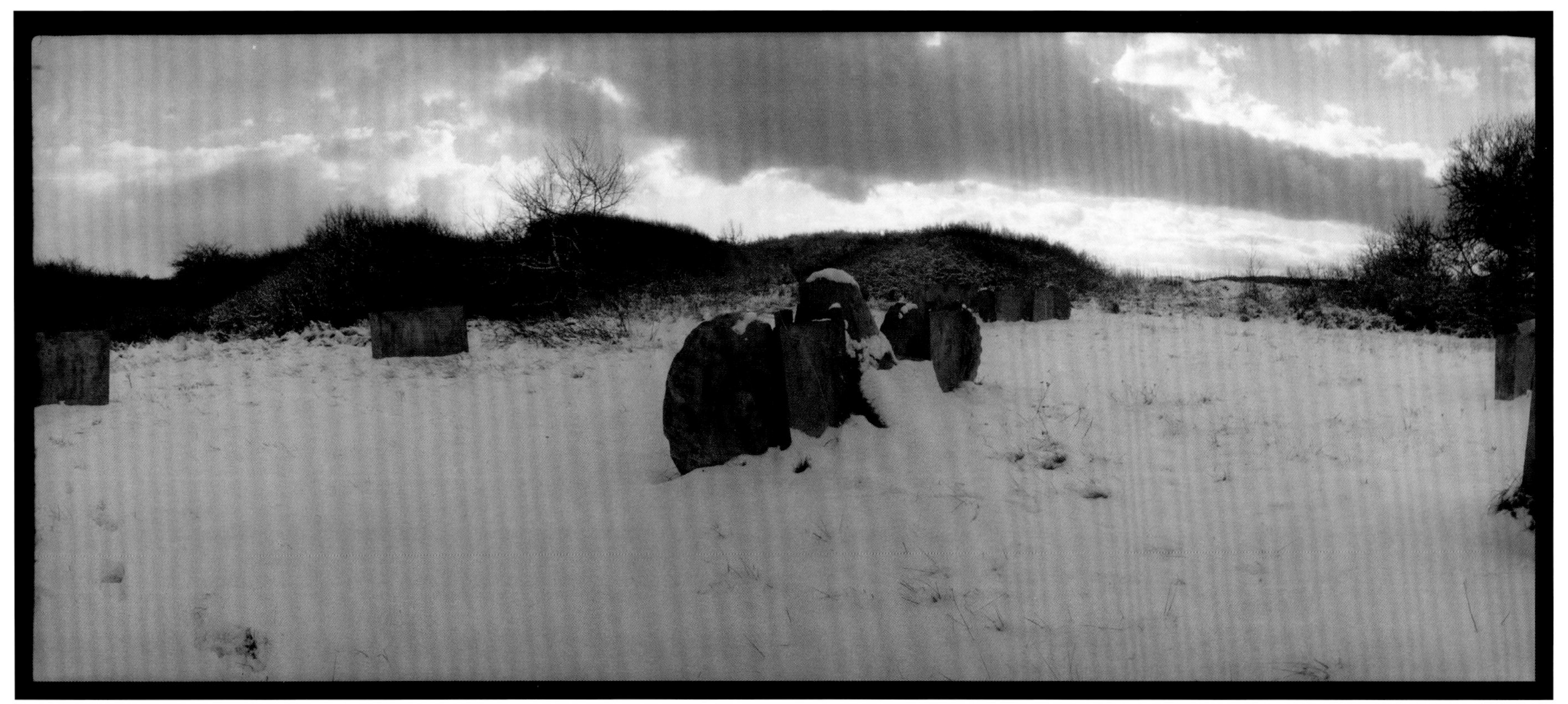

Kladno, 2002

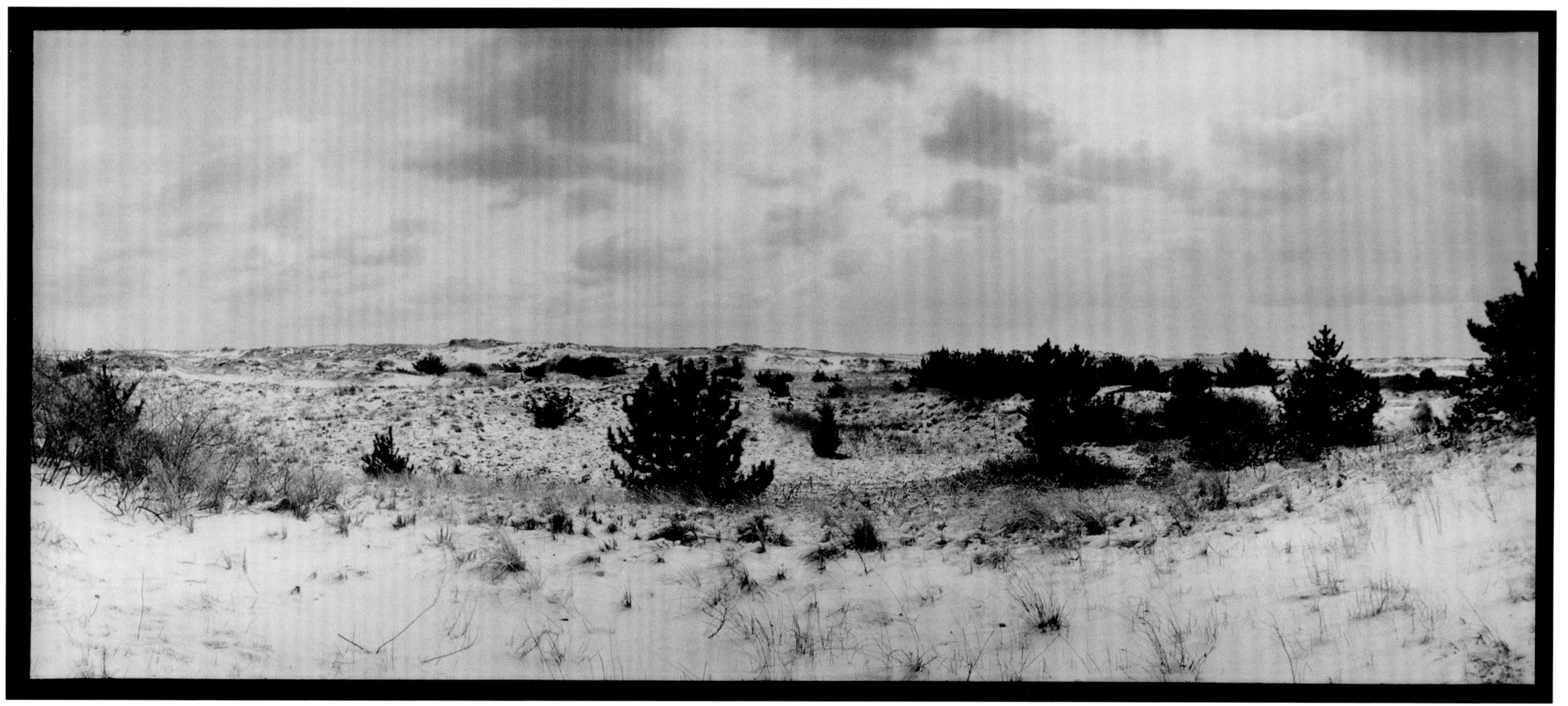

Long Island, New York, 1990

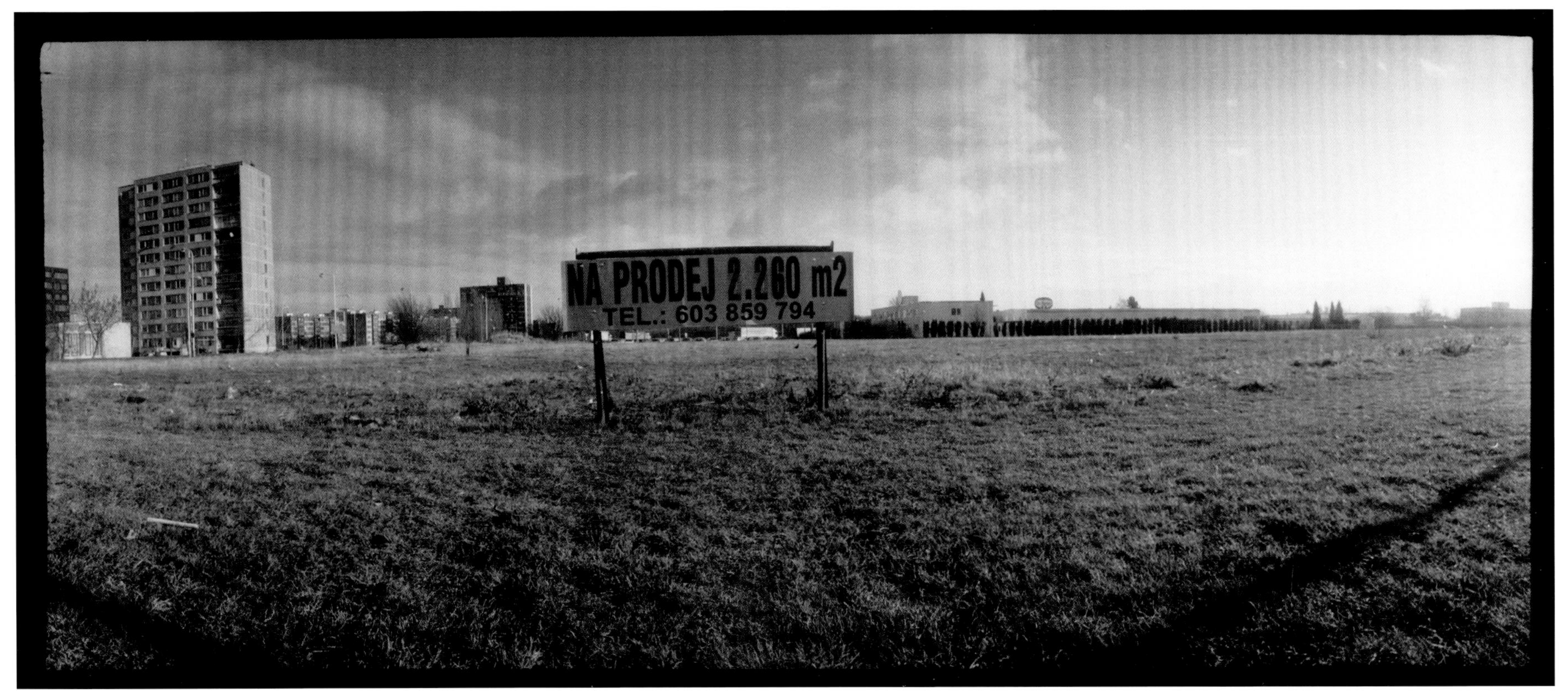

Kladno, 2002

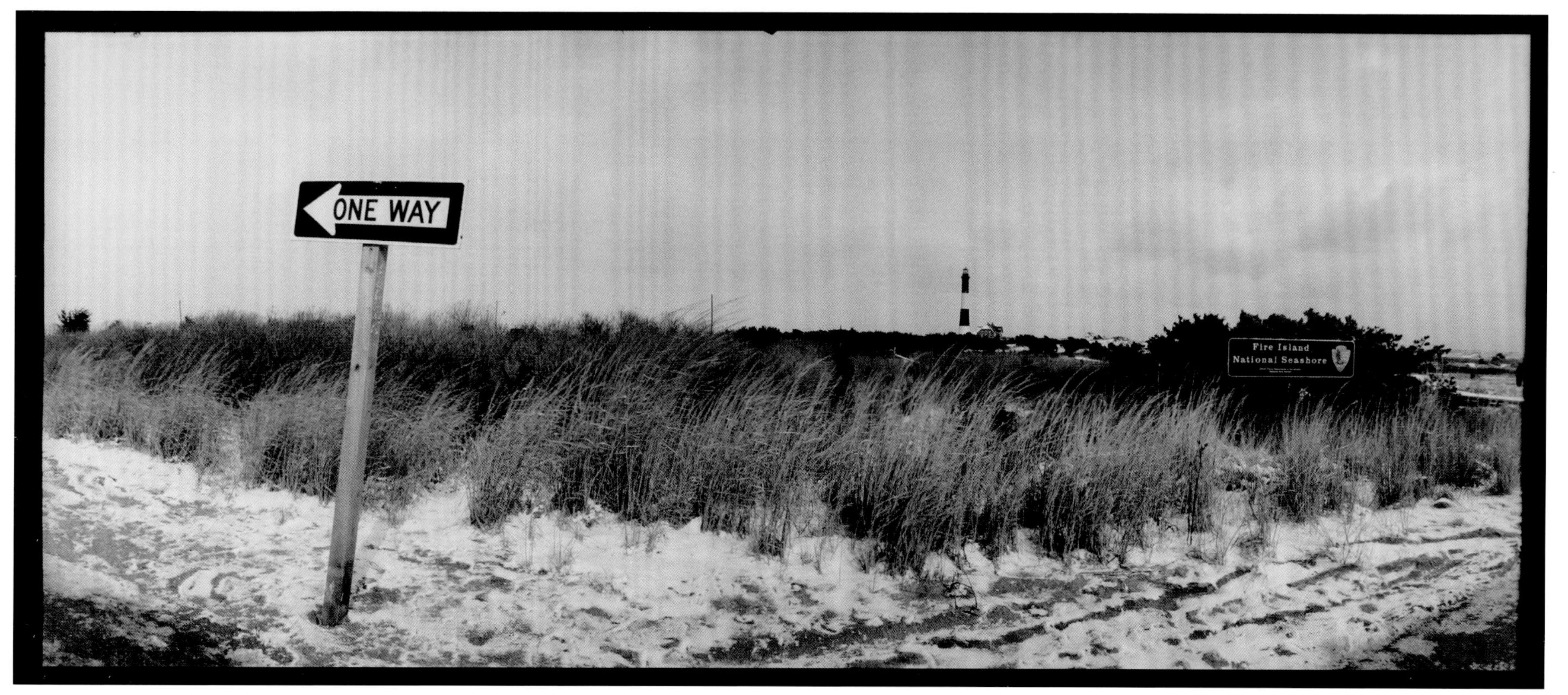

Long Island, New York, 1990

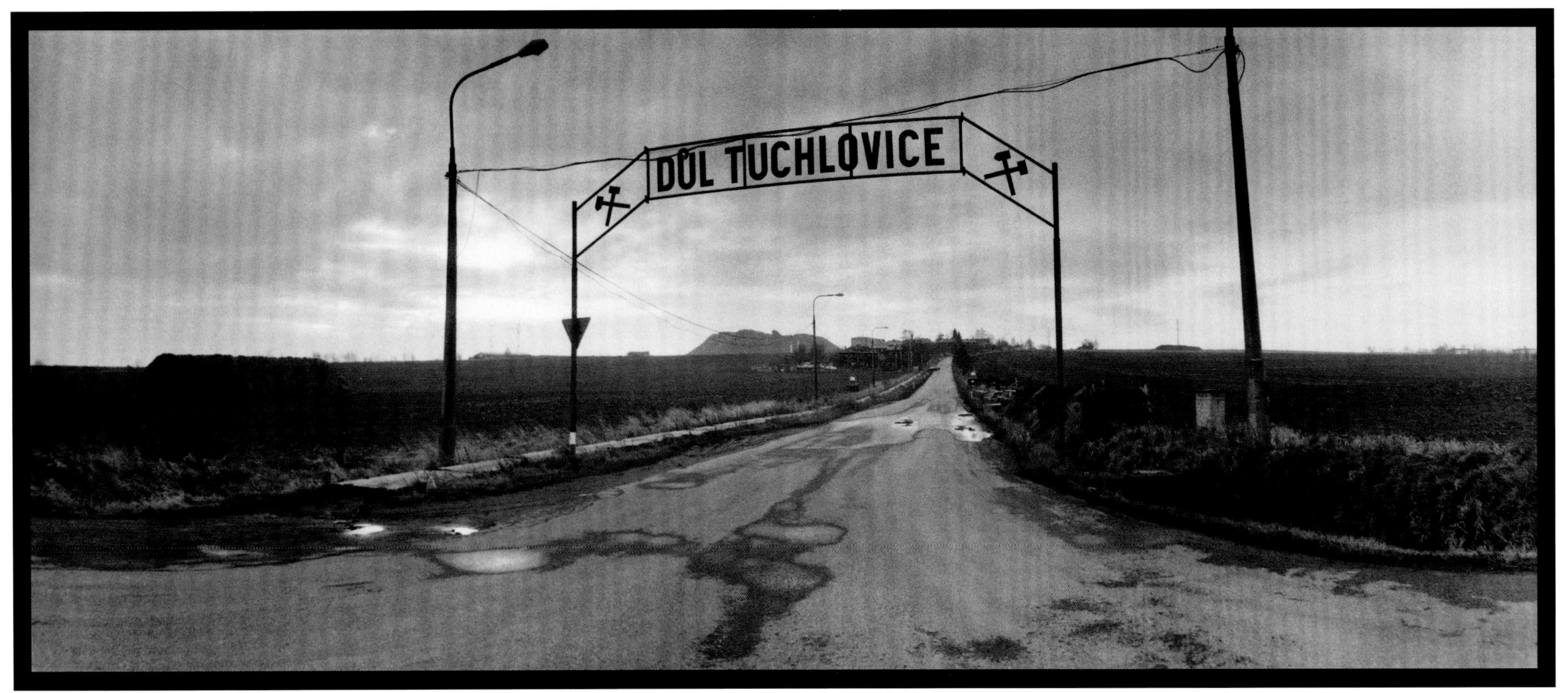

Tuchlovice, 1992

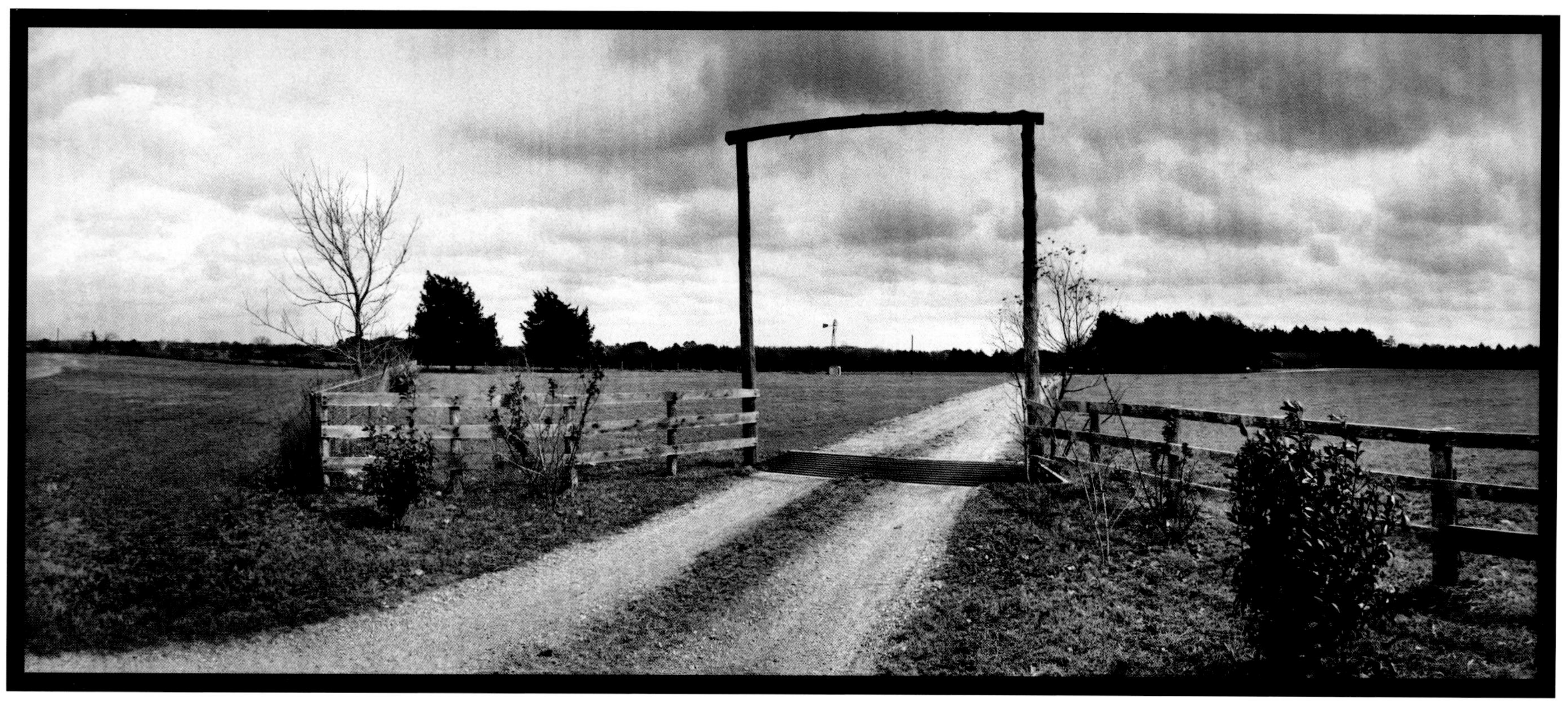

Texas, okolí San Felipe (Near San Felipe), 1990

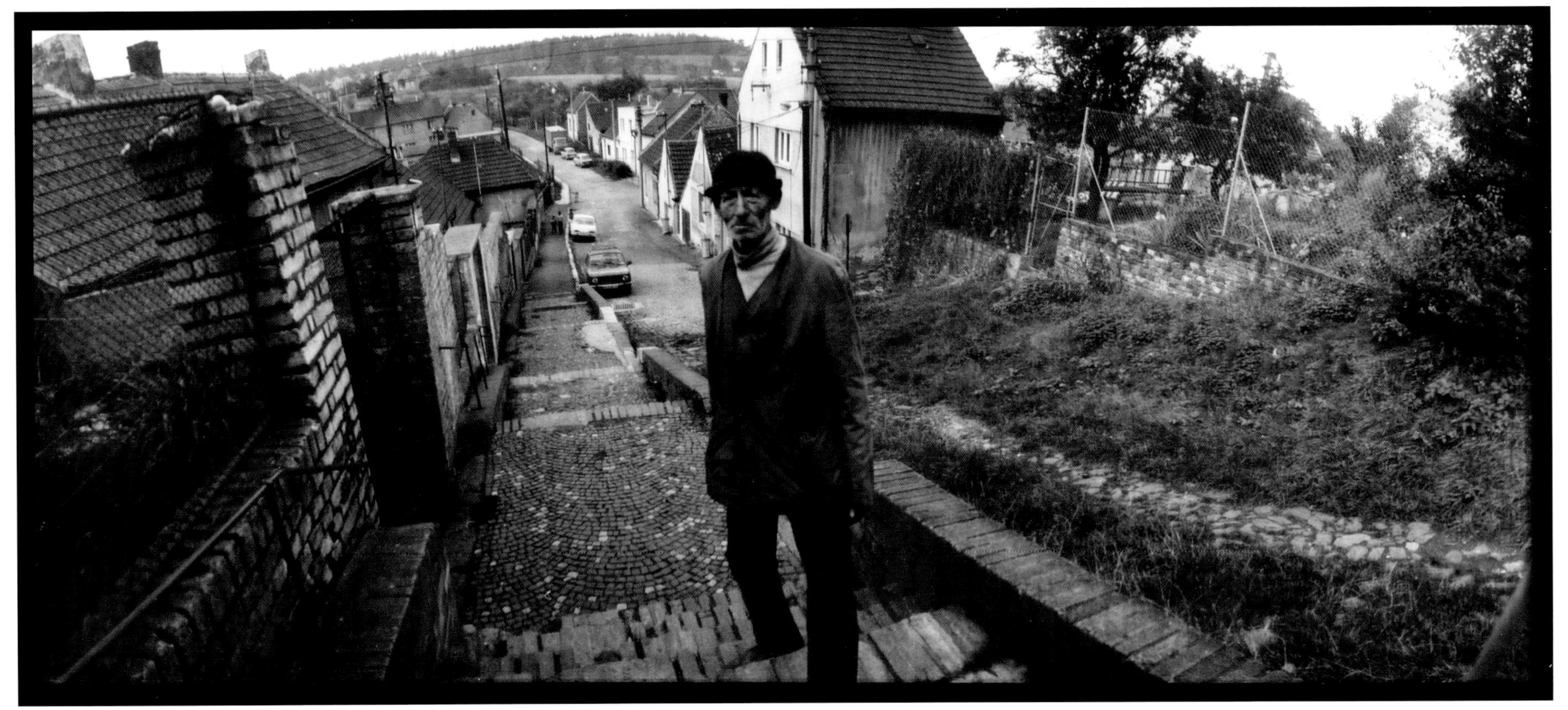

Kladno, 1982

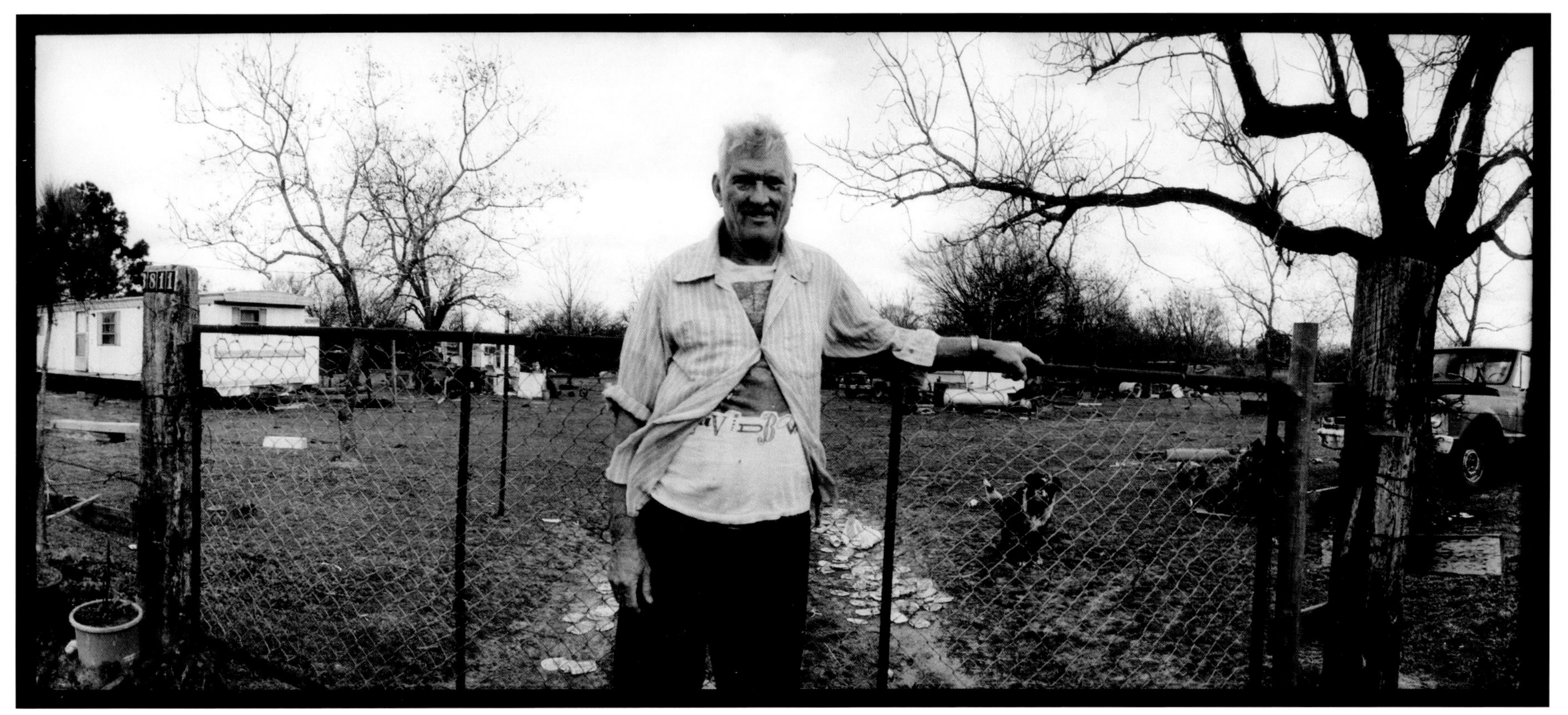

43   Texas, okolí San Felipe (Near San Felipe), 1990

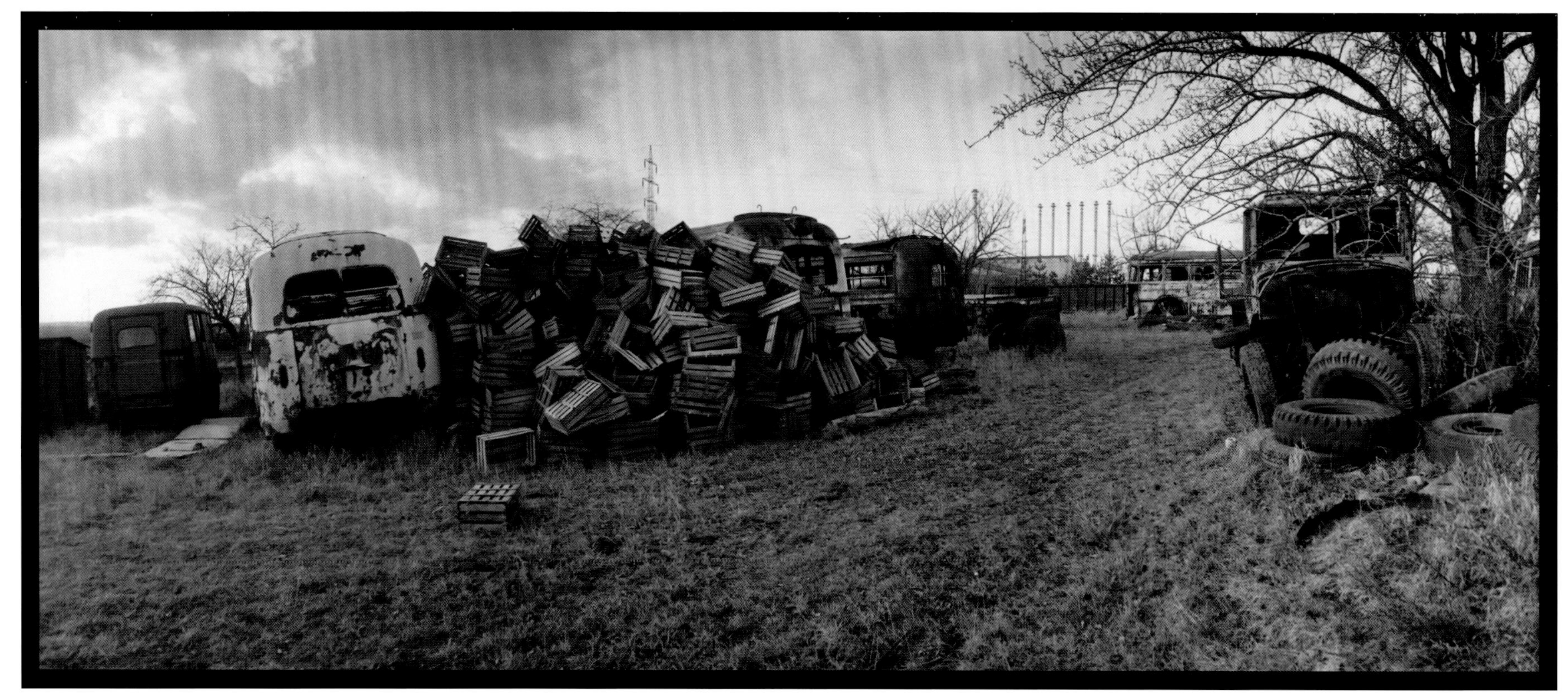

Okolí Kladna (Near Kladno), 1992

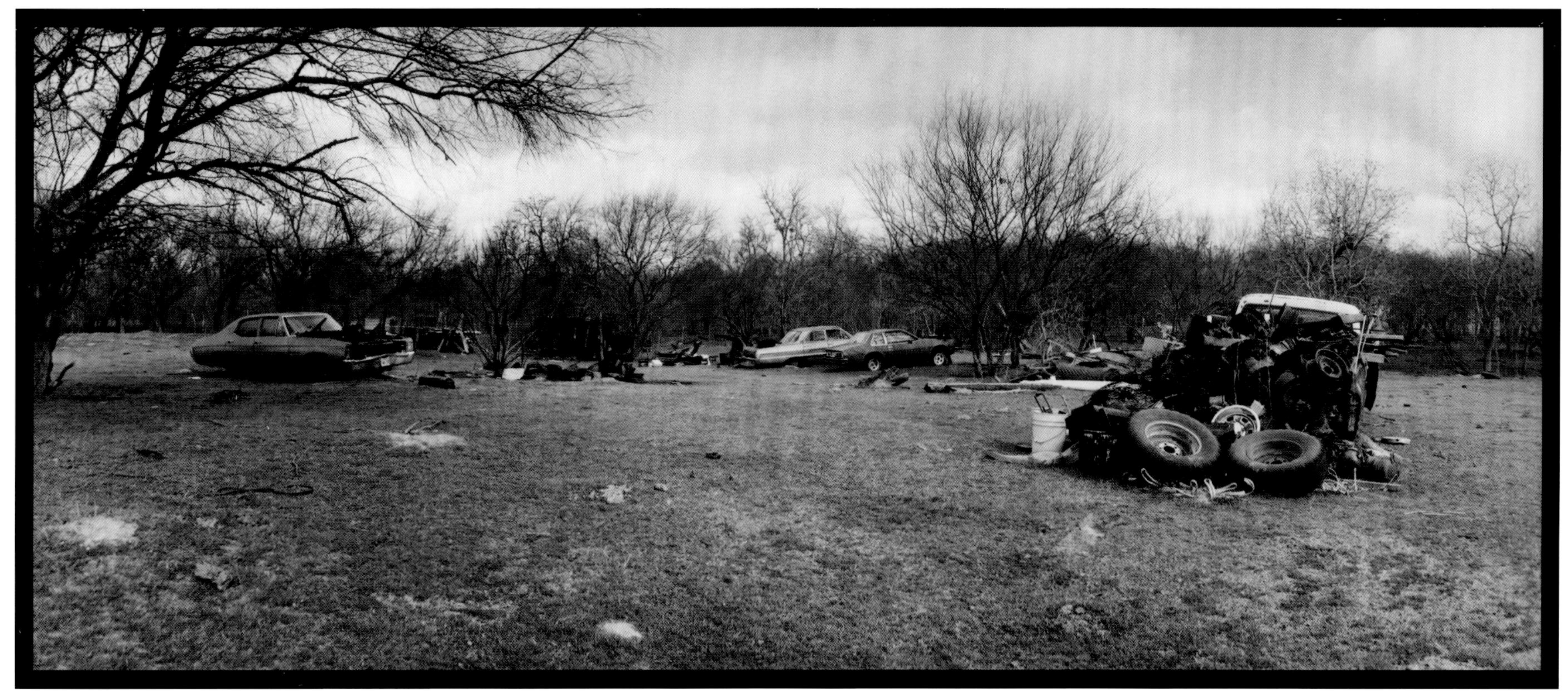

Texas, okolí San Felipe (Near San Felipe), 1990

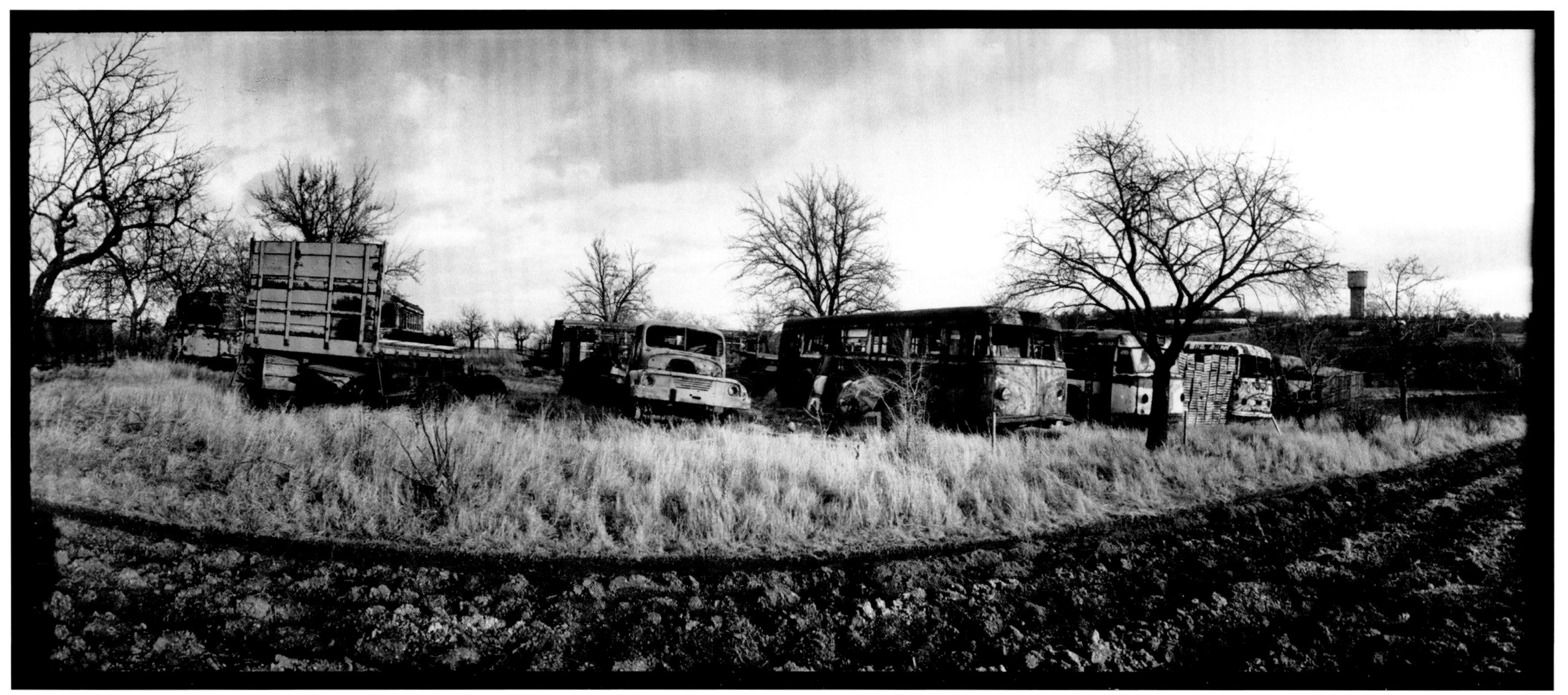

Okolí Kladna (Near Kladno), 1992

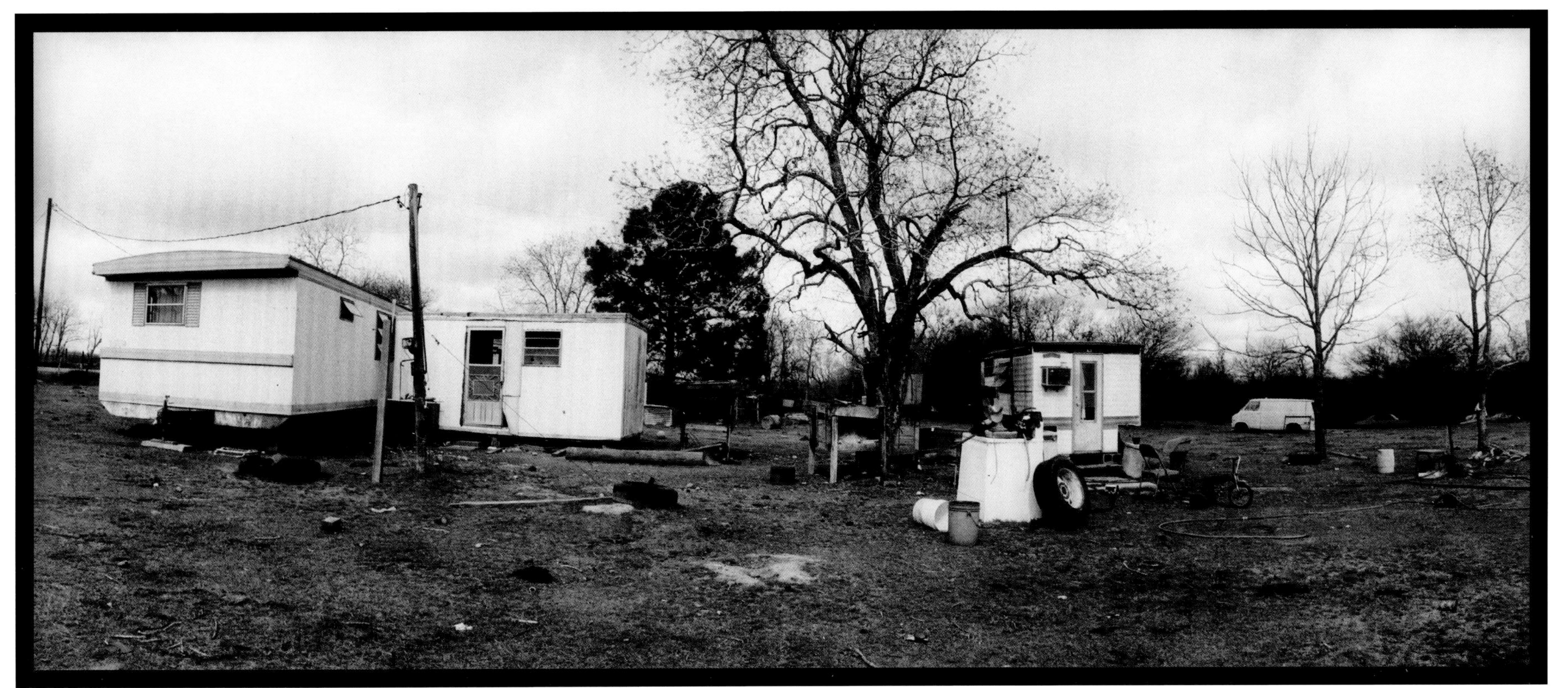

Texas, okolí San Felipe (Near San Felipe), 1990

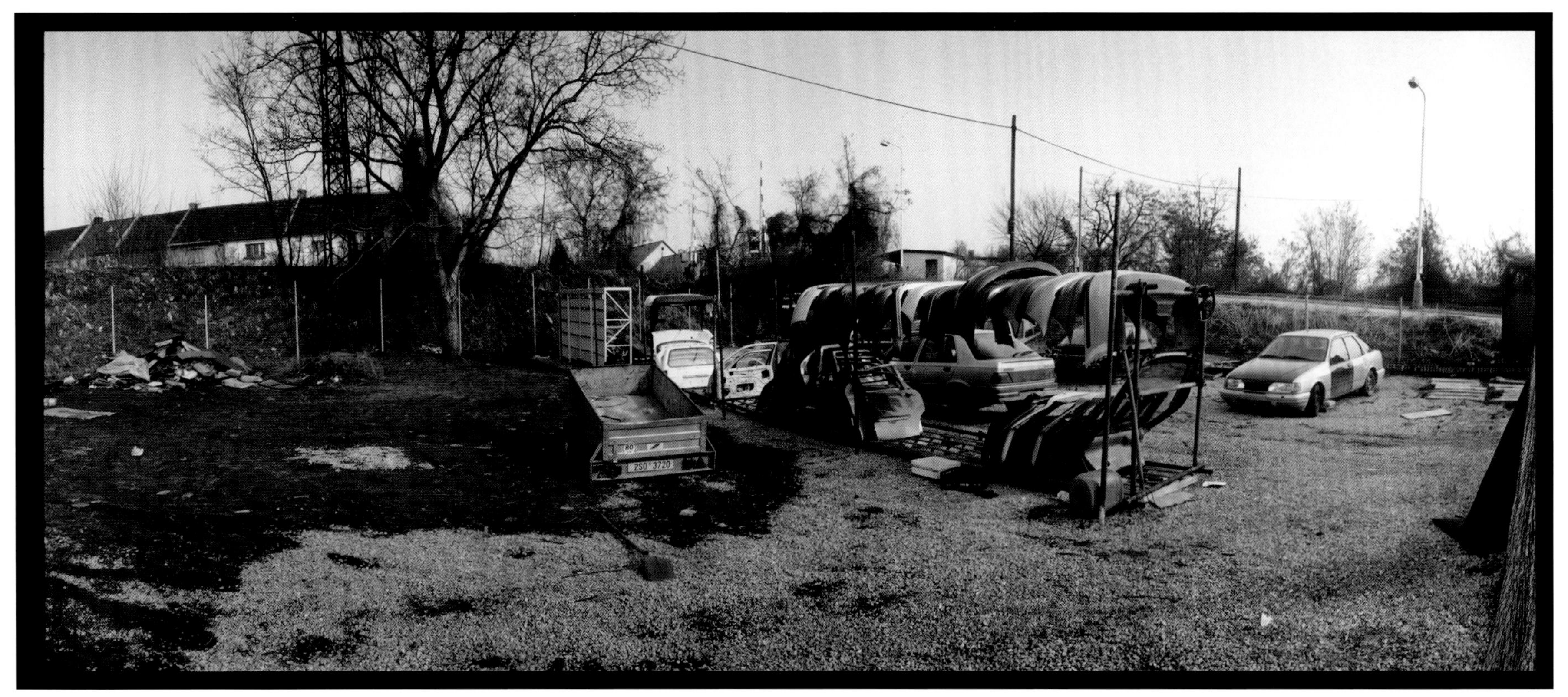

Kladno, 2002

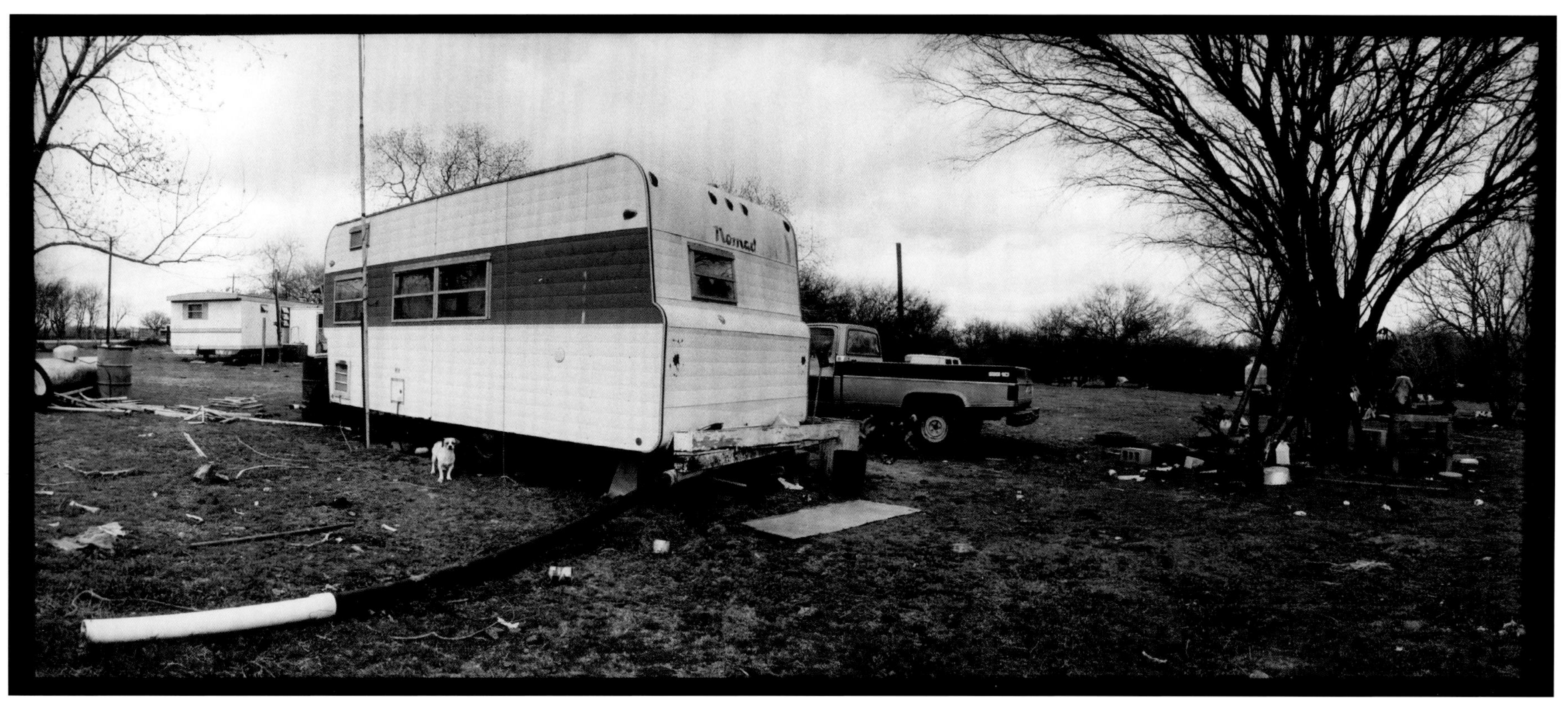

Texas, okolí San Felipe (Near San Felipe), 1990

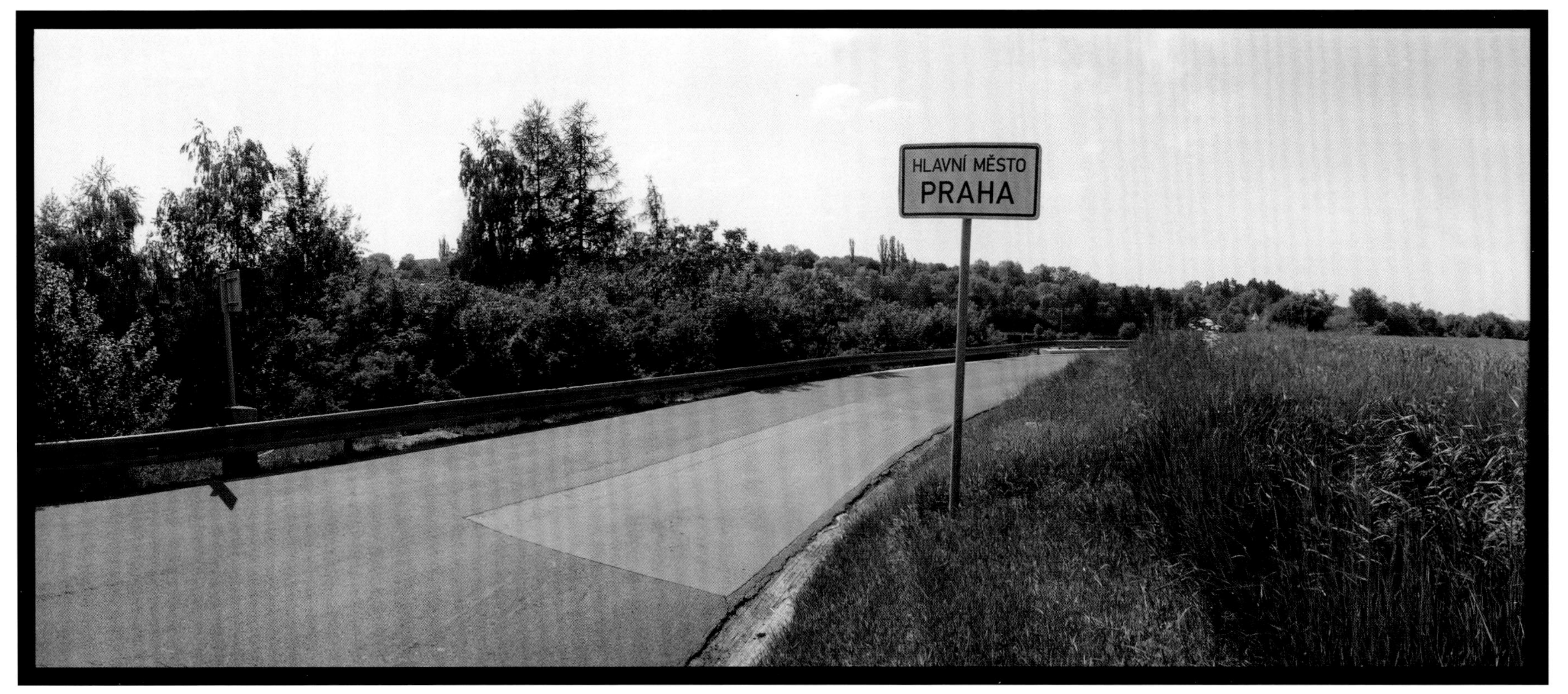

Praha, 2002

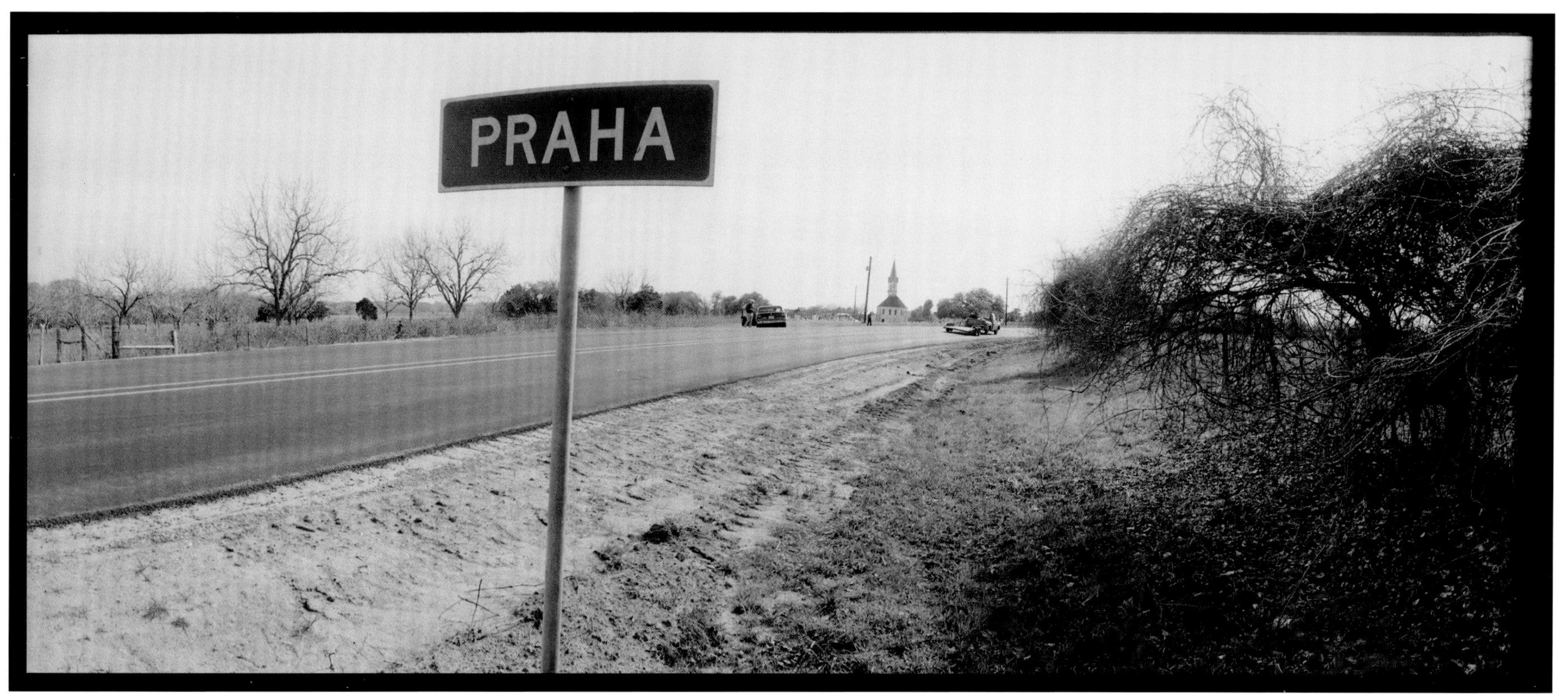

Praha, Texas, 1990

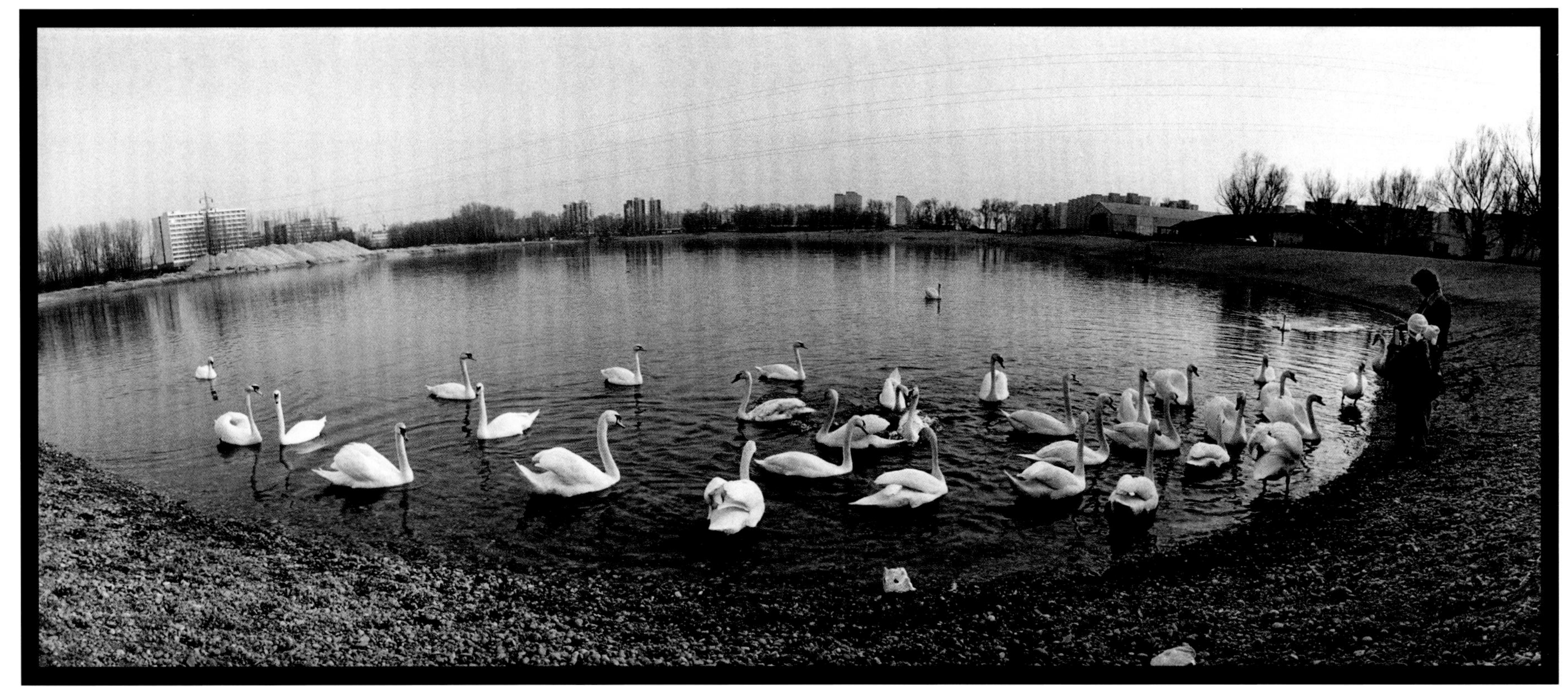

Petržalka, Bratislava, 1992

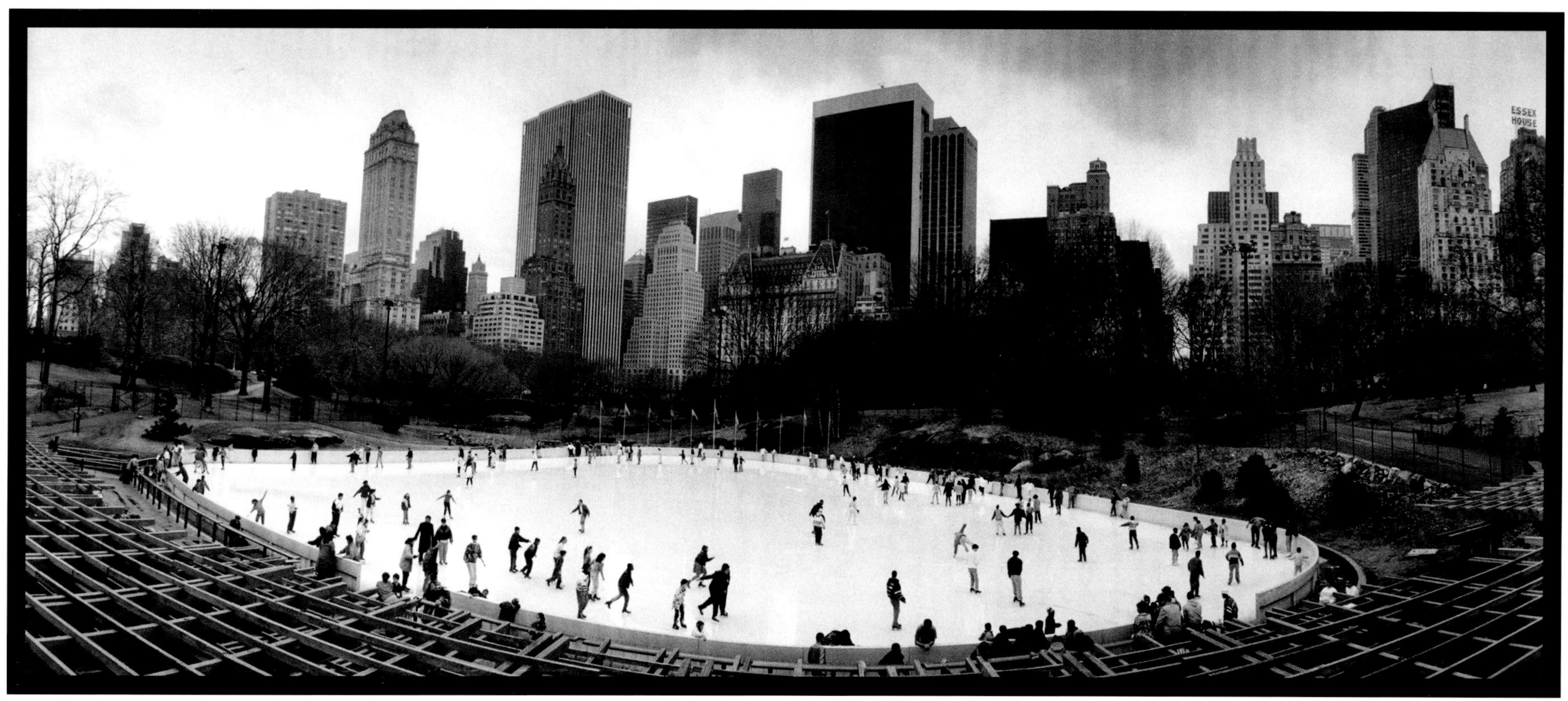

Central Park, New York, 1990

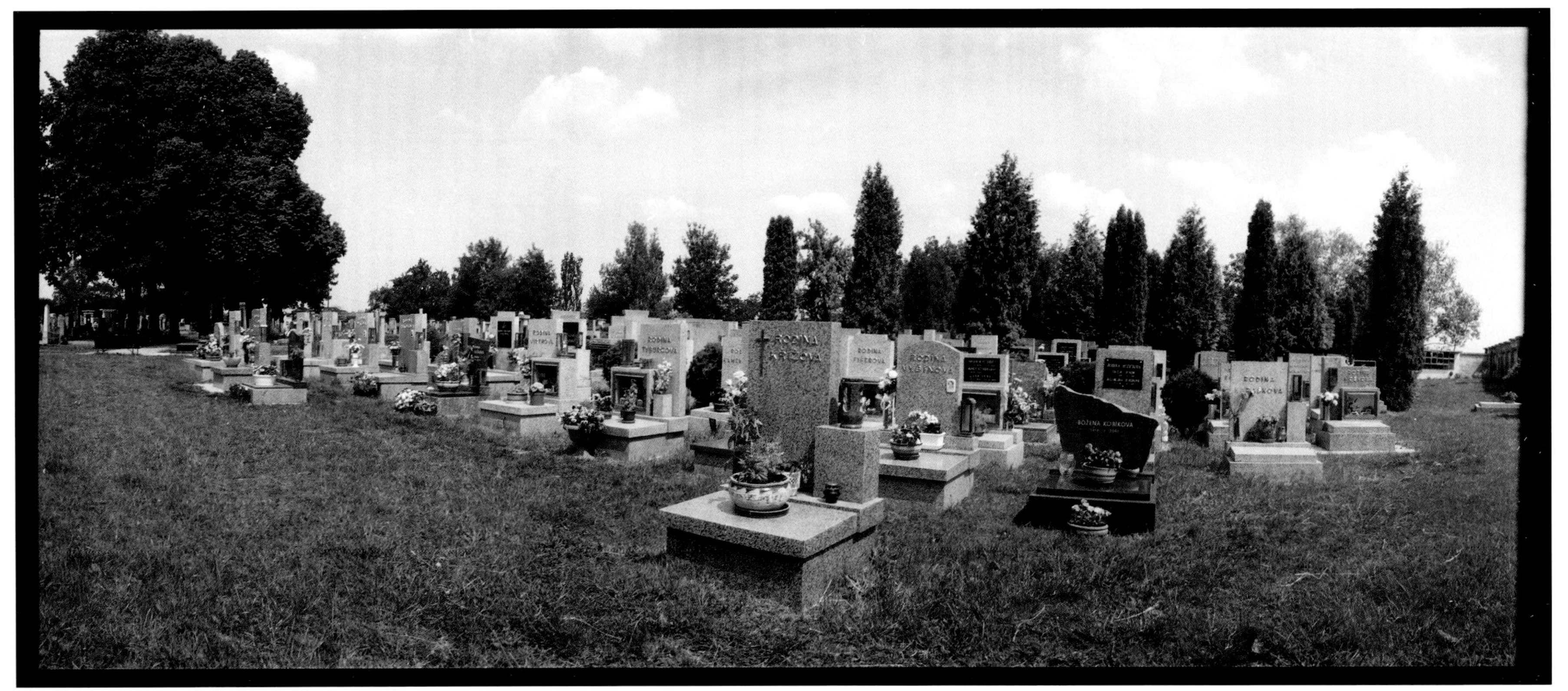

Buštěhrad, 2002

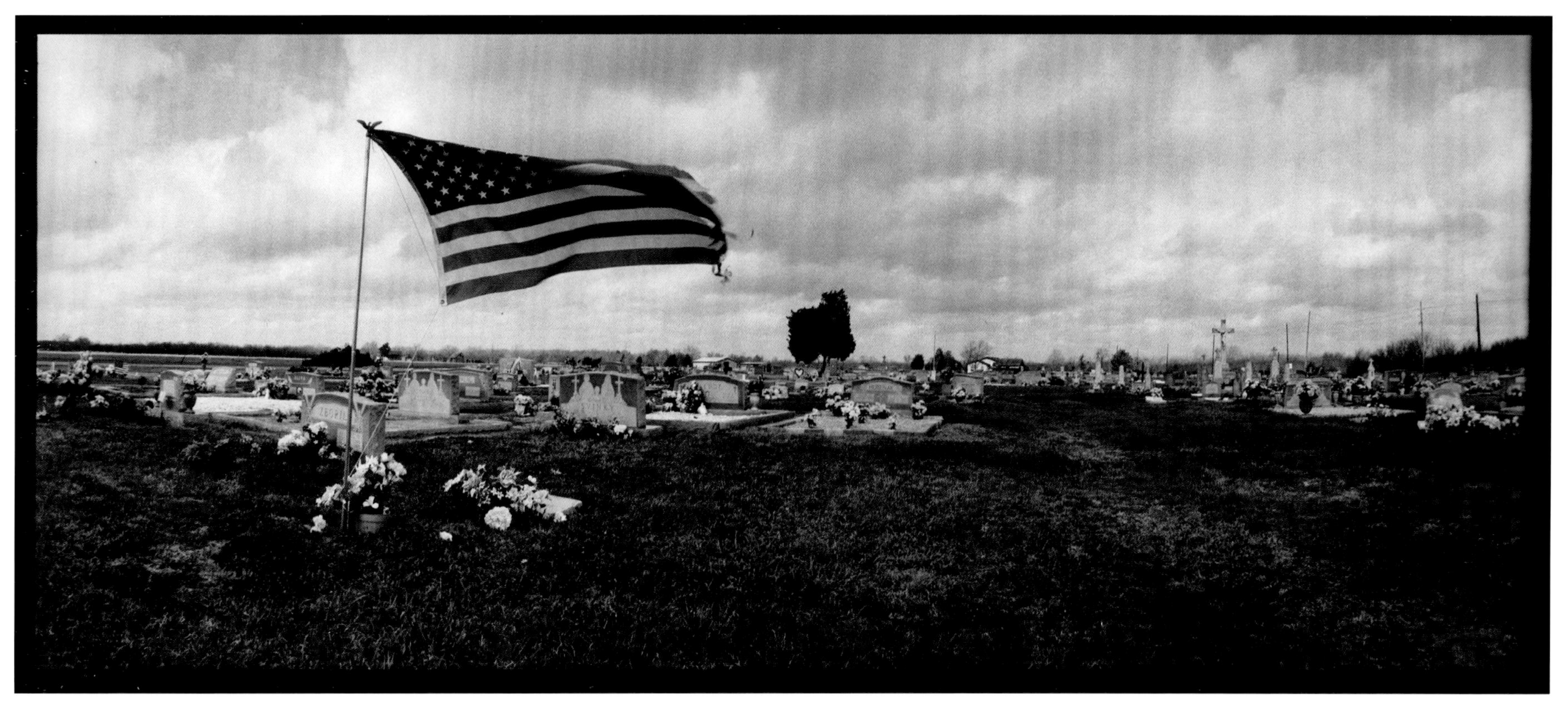

55

Frýdek, Texas, 1990

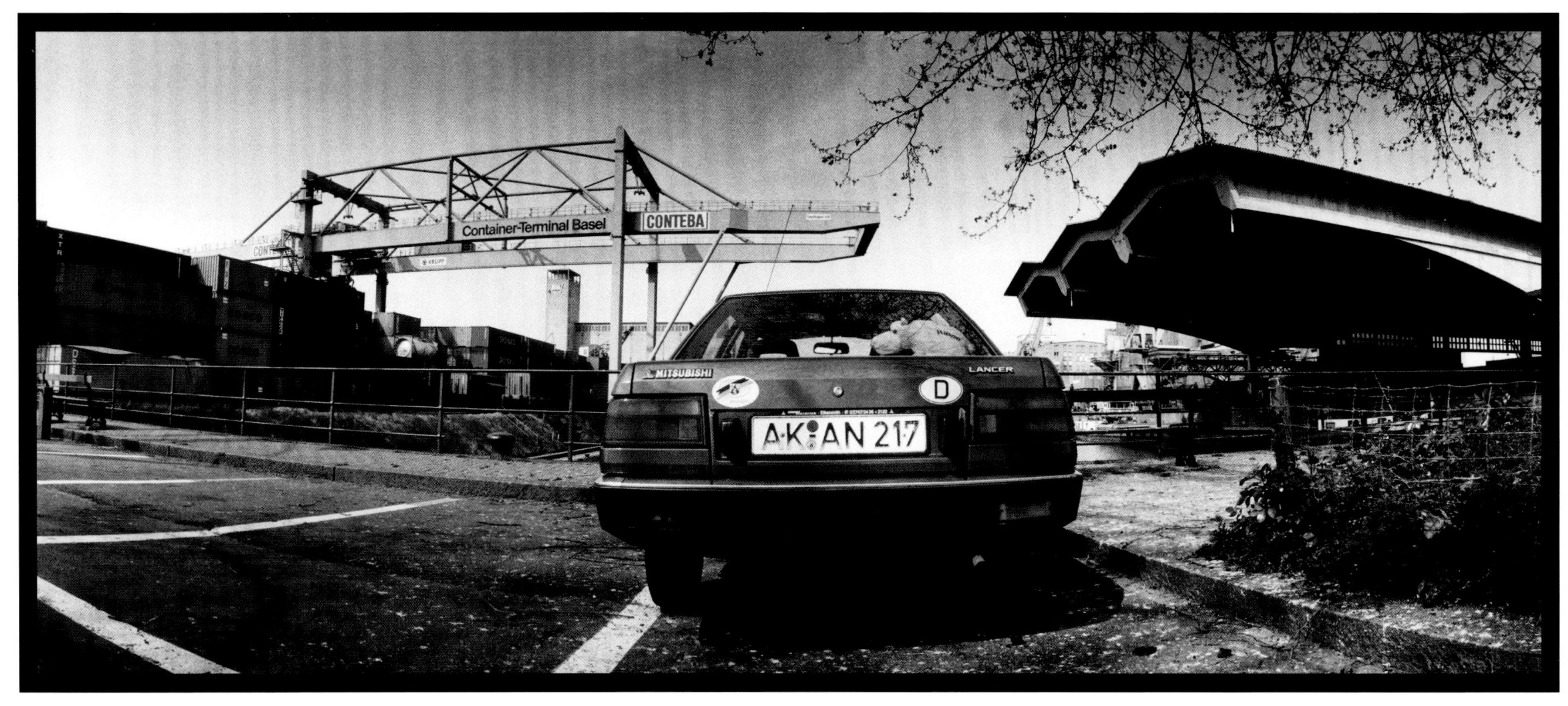

Basilej / Basel, 1993

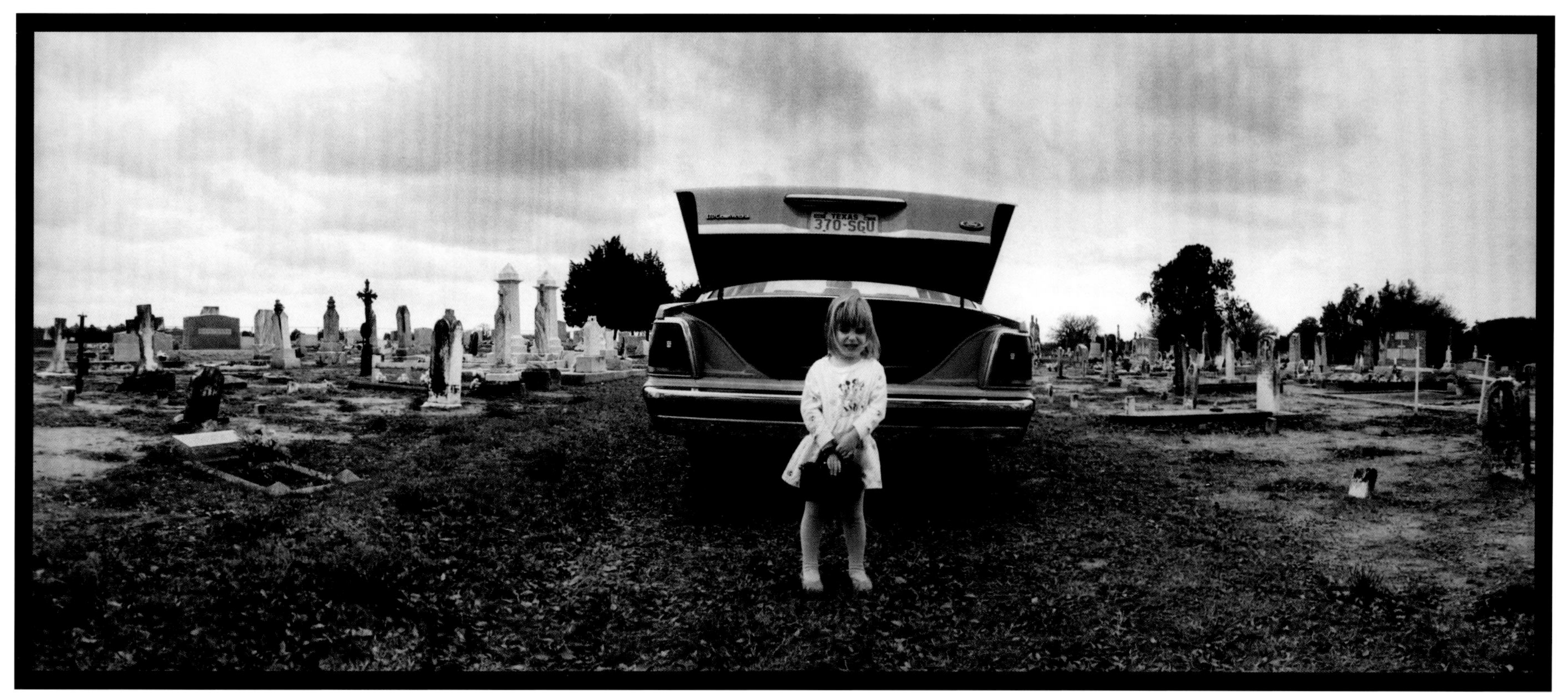

Frelsburg, Texas, 1990

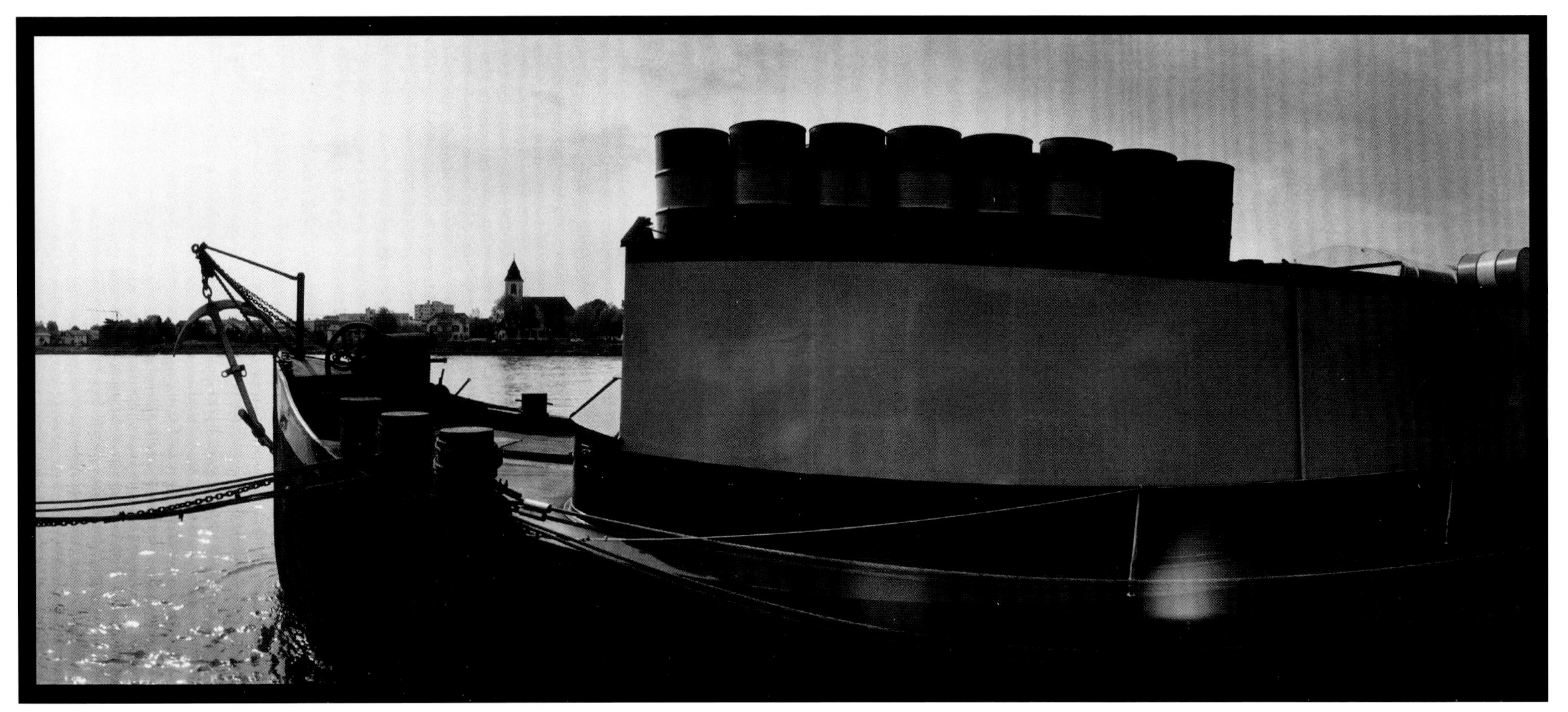

Basilej / Basel, 1993

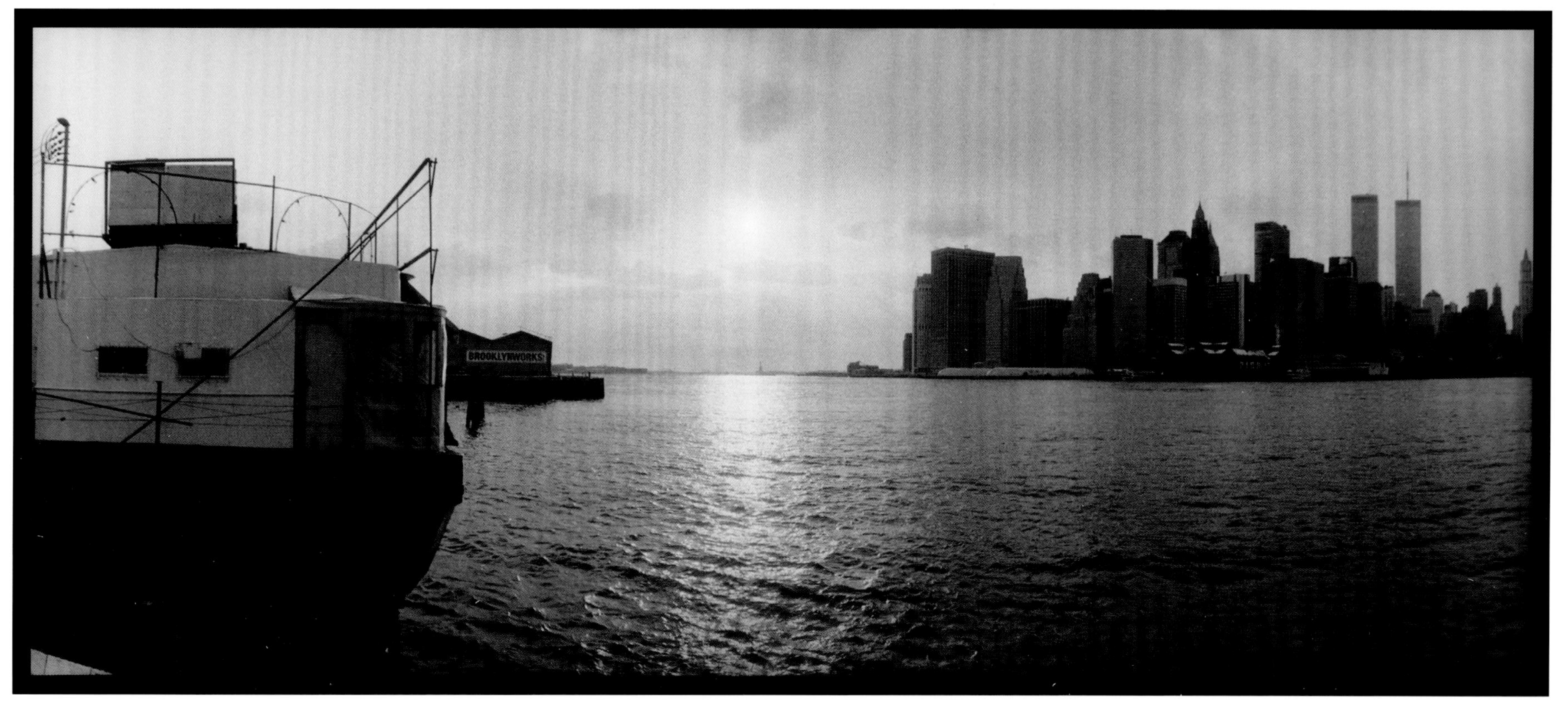

Manhattan, New York, 1990

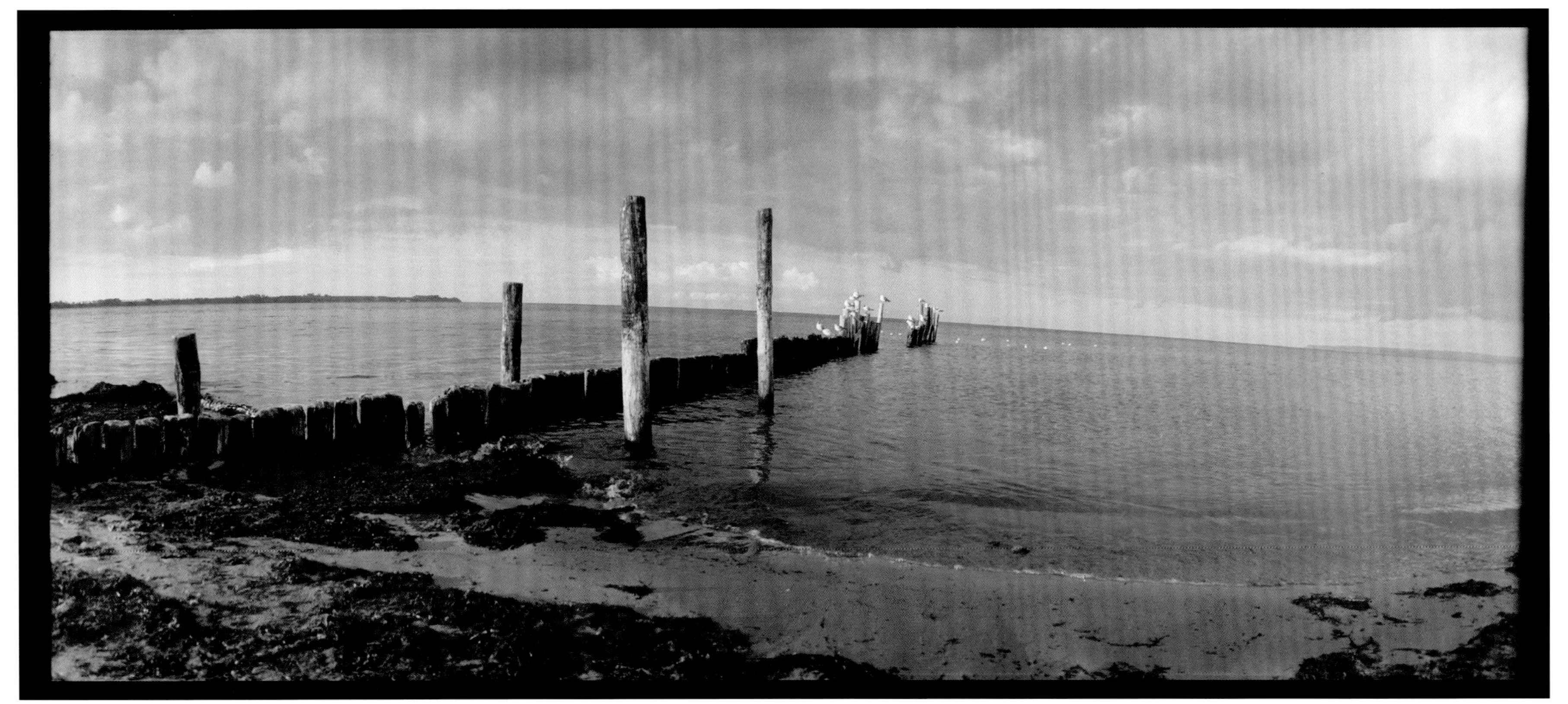

Rujána / Rügen, 1987

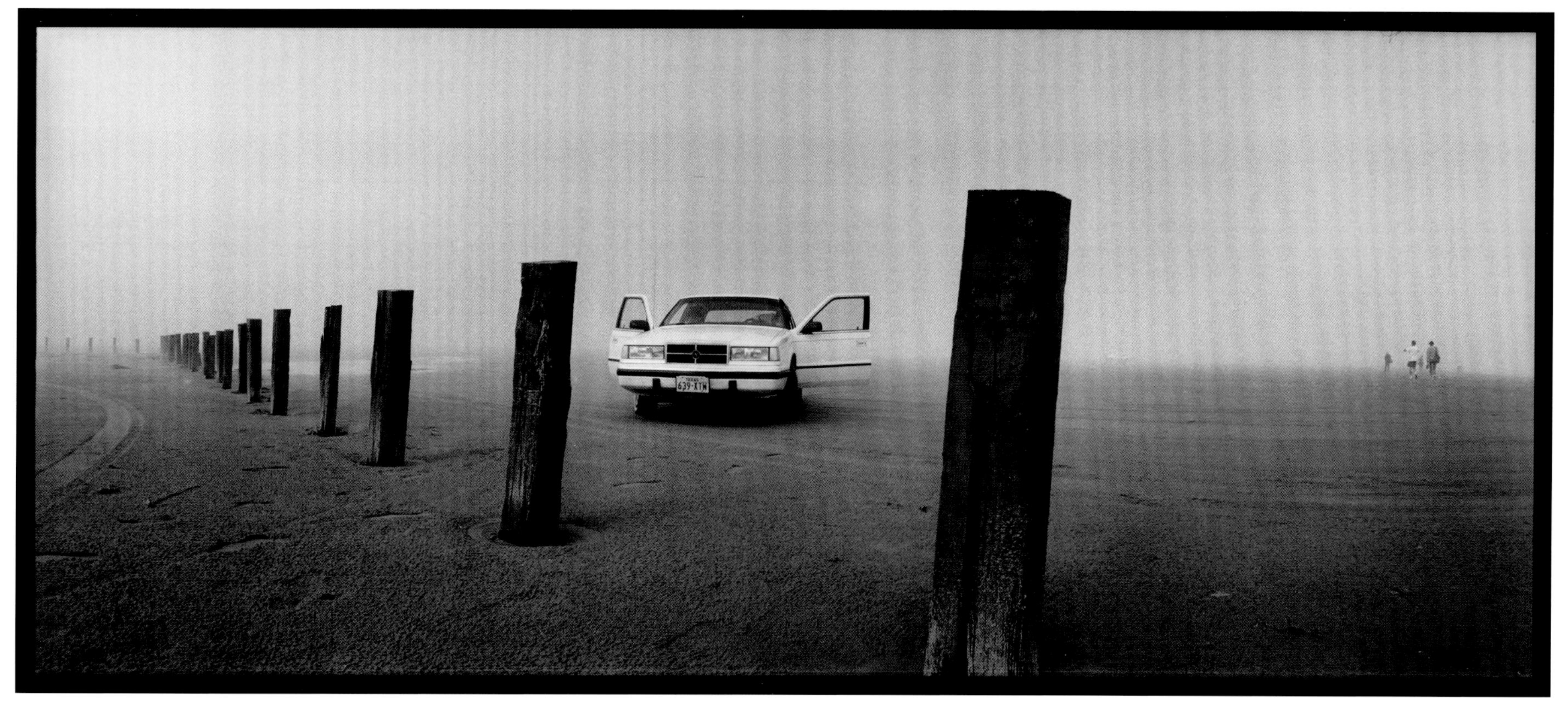

Galveston, Texas, 1990

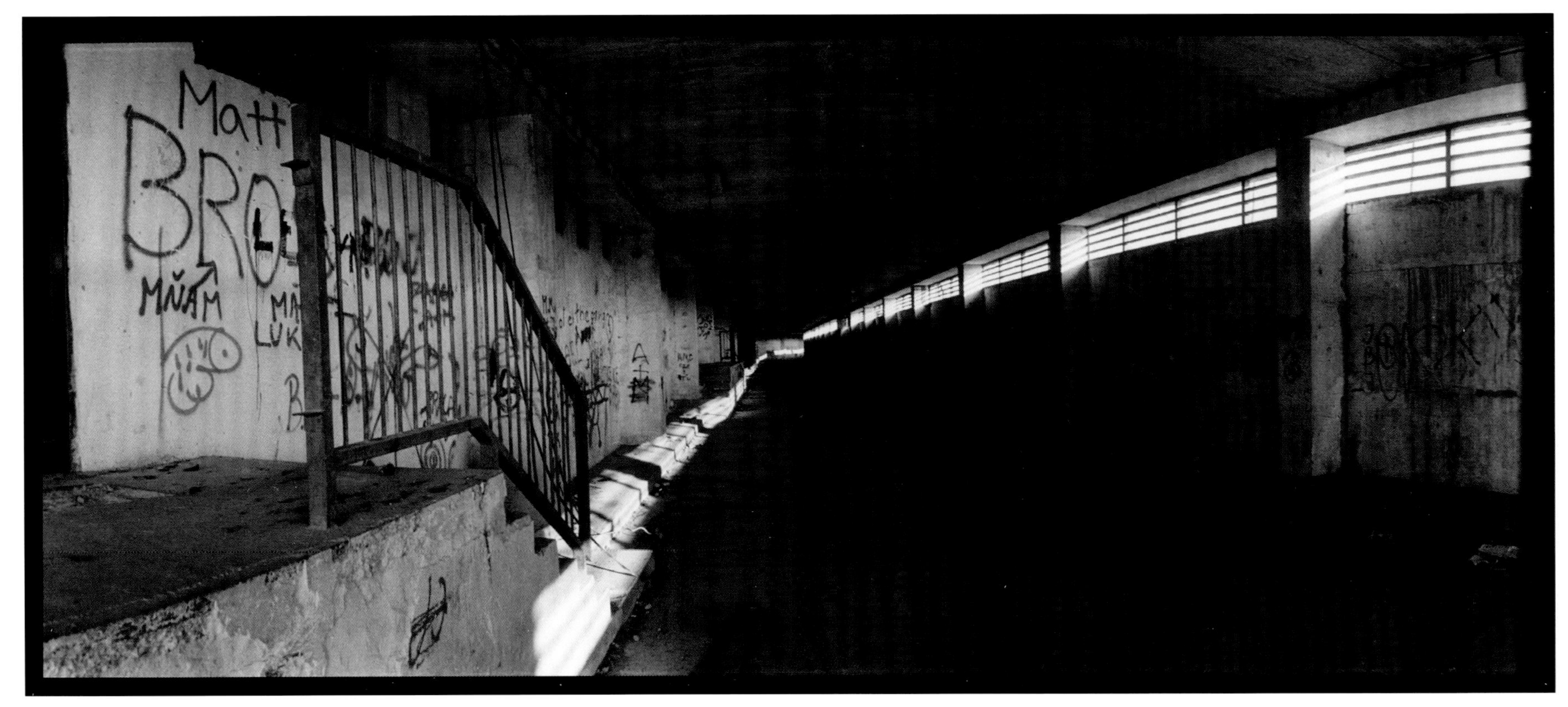

Basilej / Basel, 1993

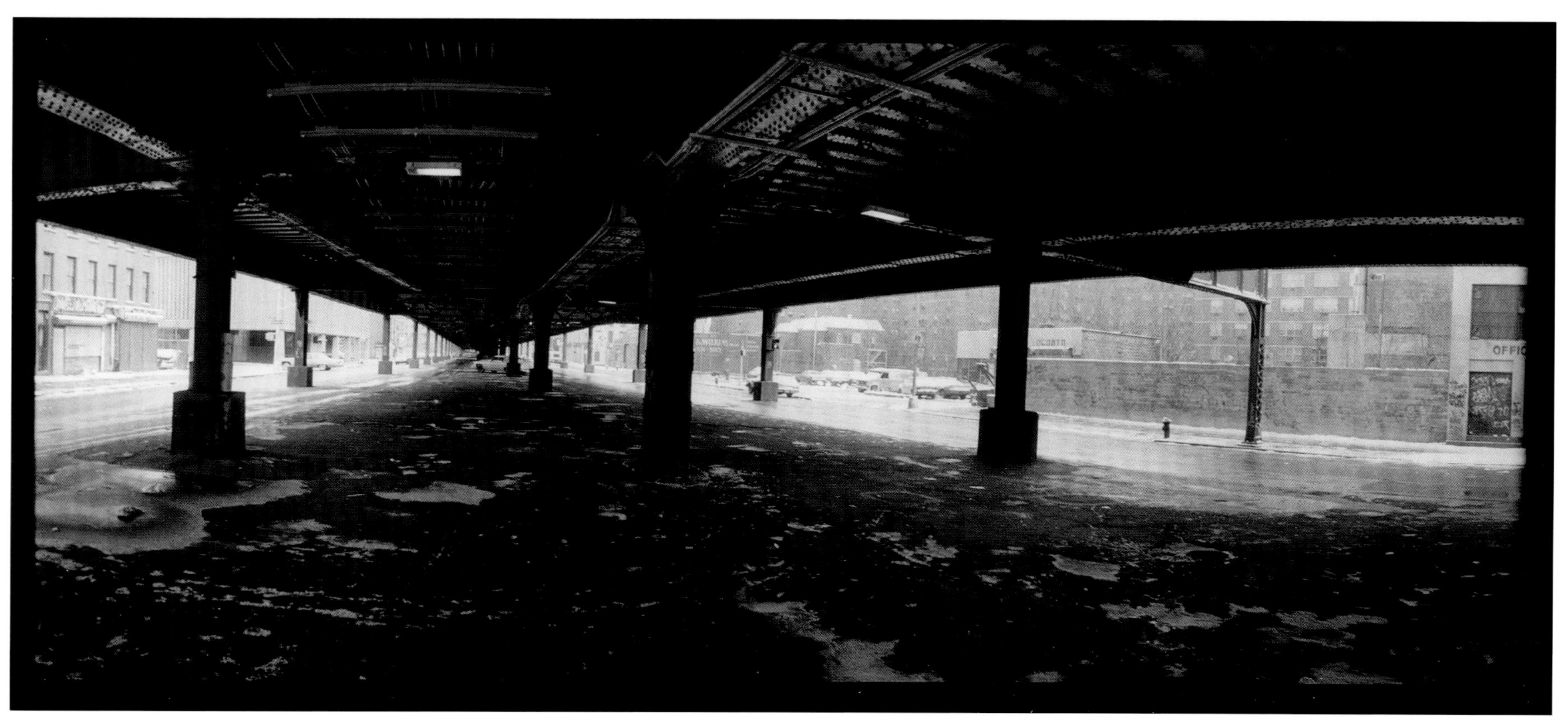

Harlem, New York, 1990

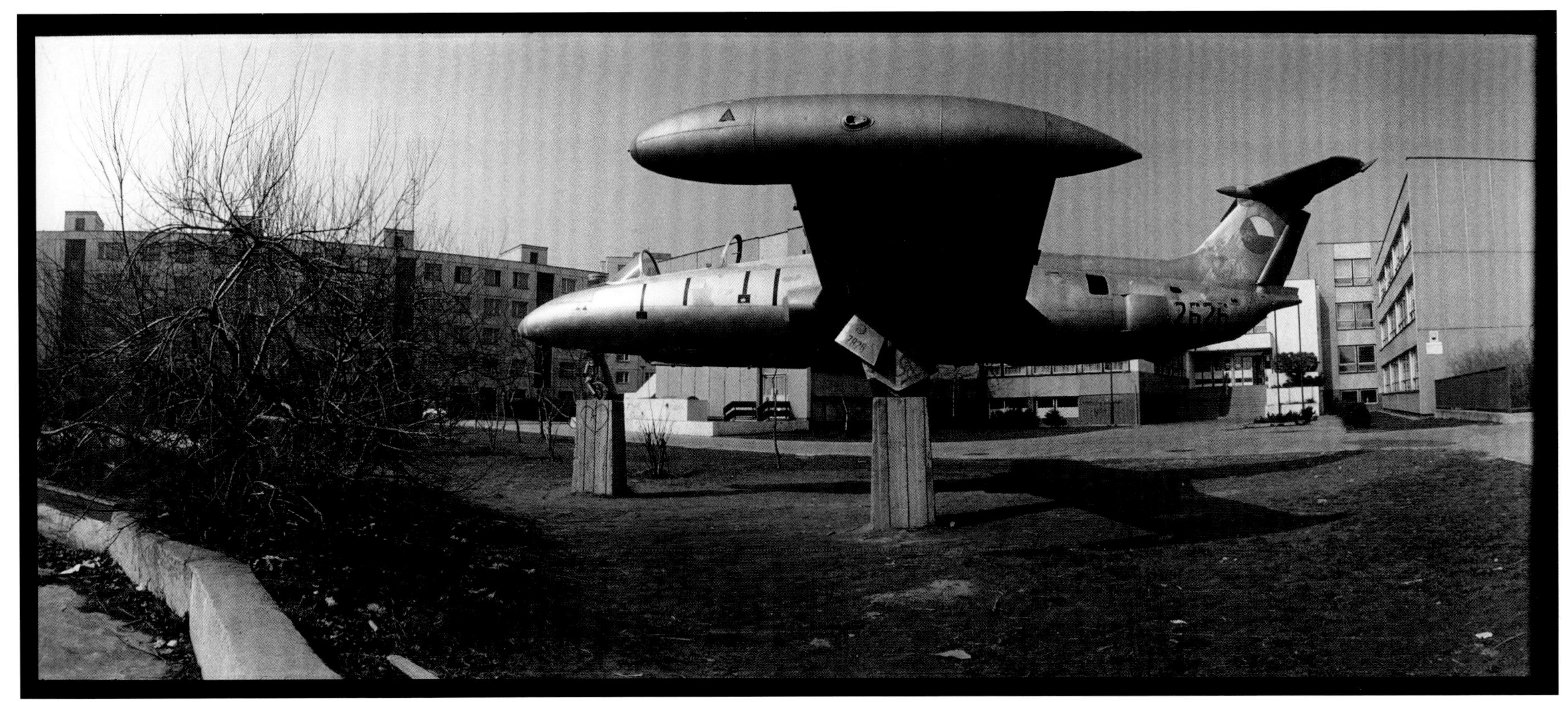

Petržalka, Bratislava, 1992

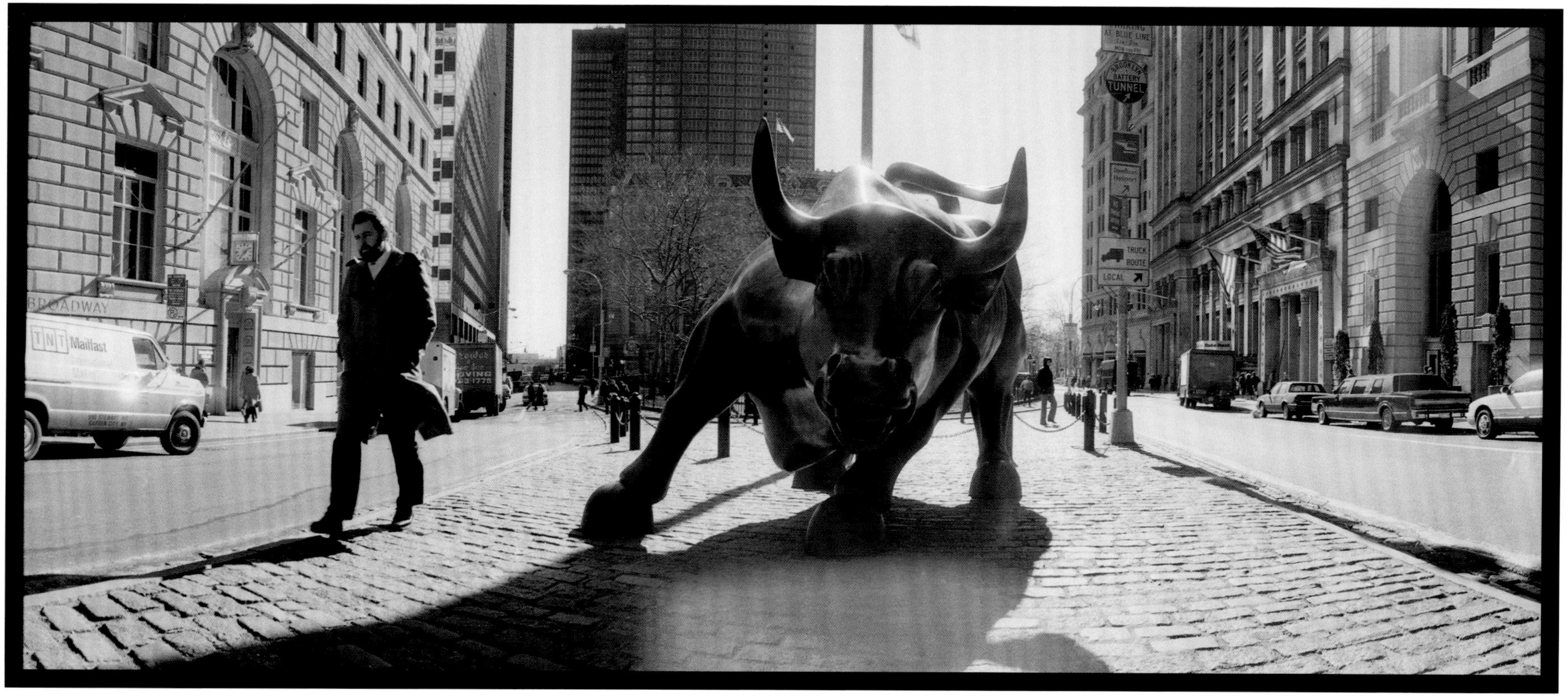

Manhattan, New York, 1990

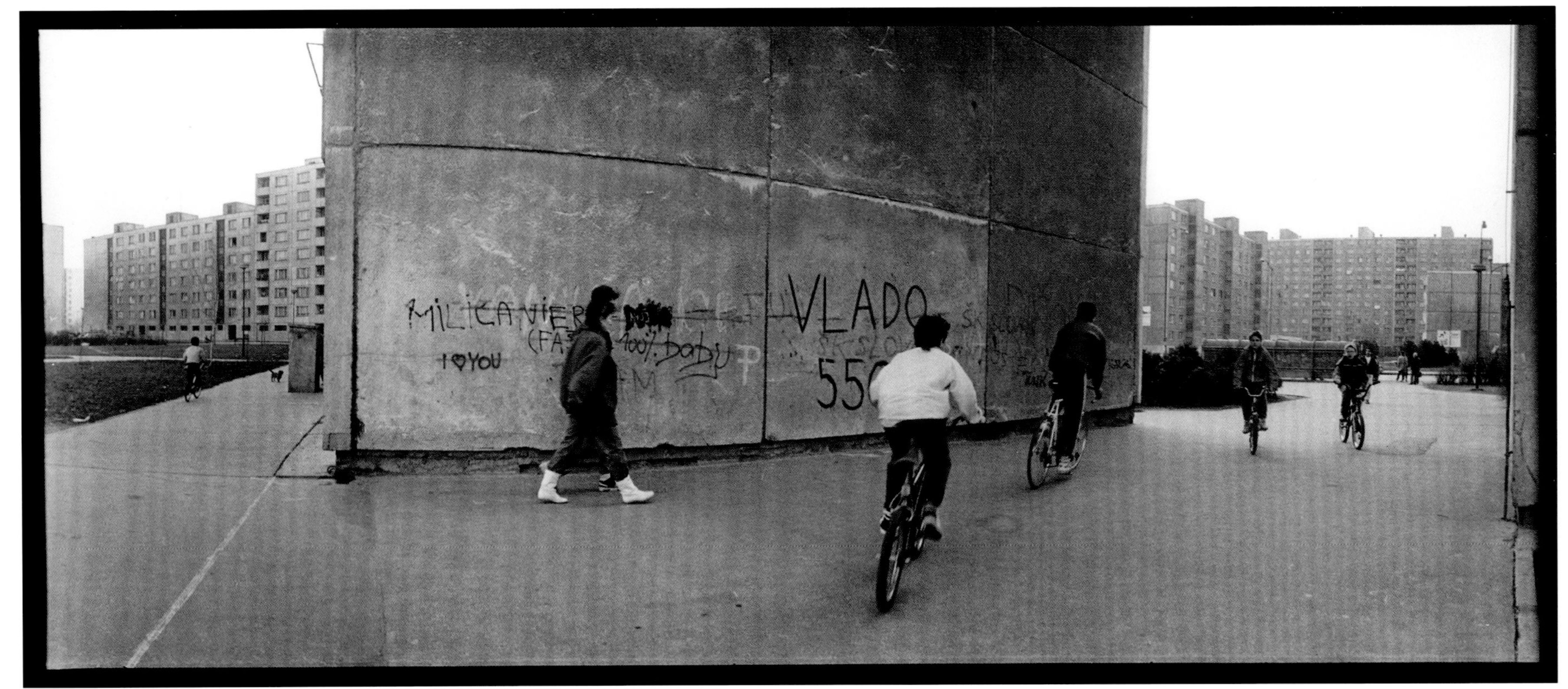

Petržalka, Bratislava, 1992

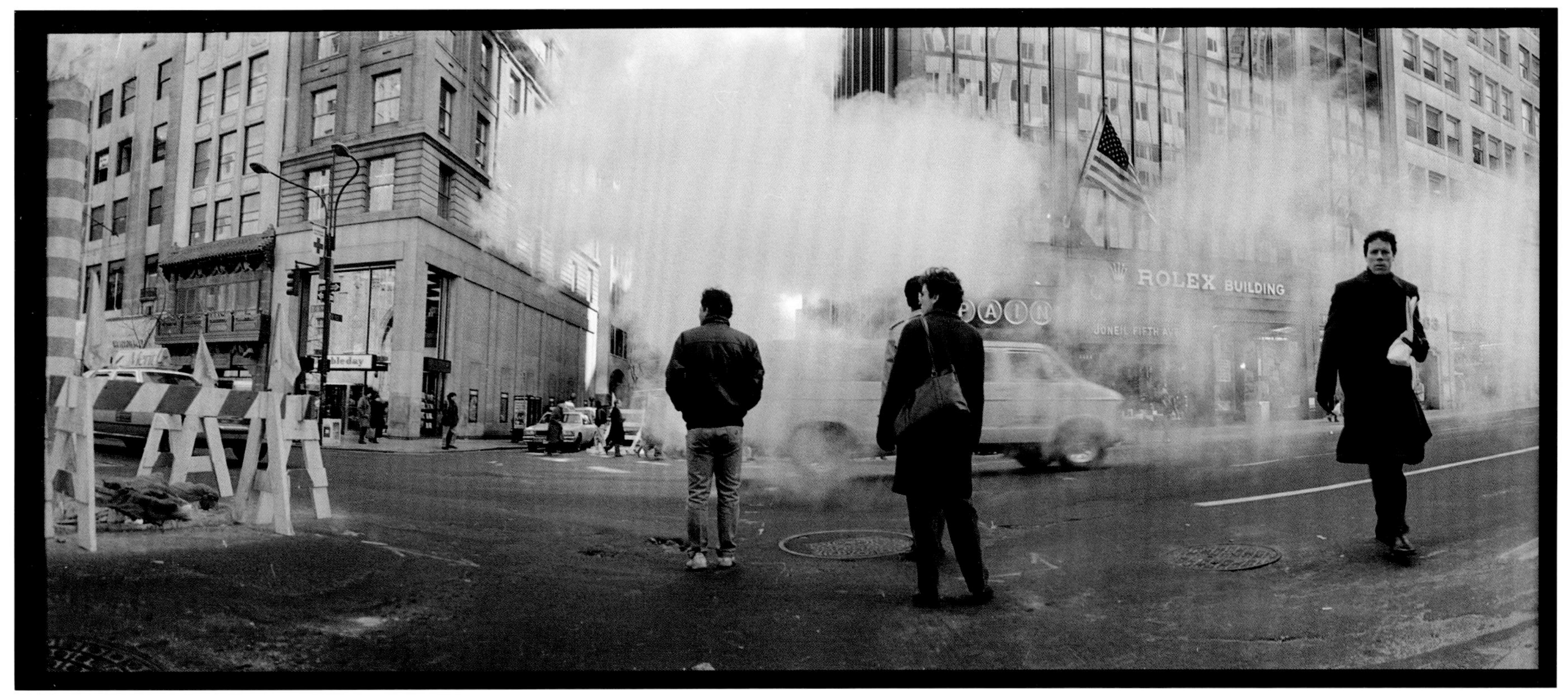

Manhattan, New York, 1990

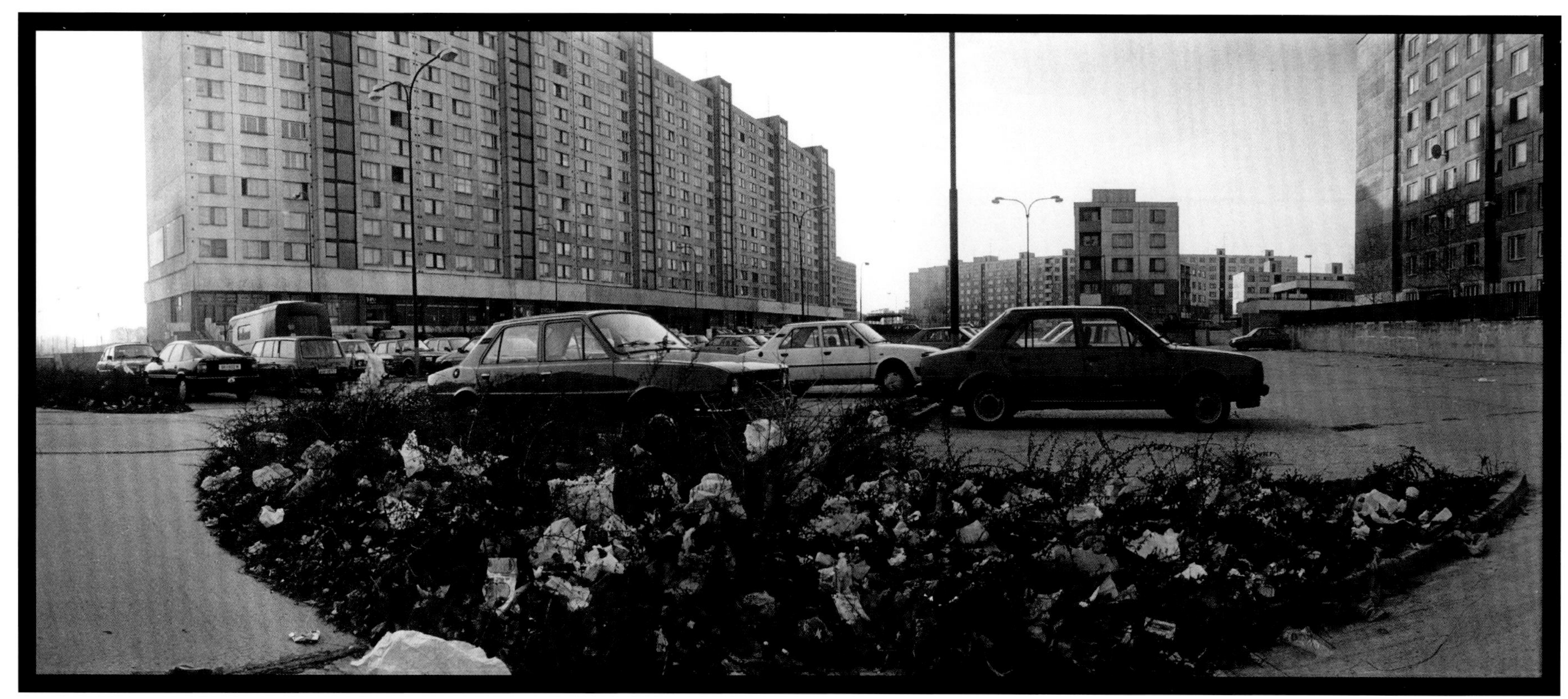

Petržalka, Bratislava, 1992

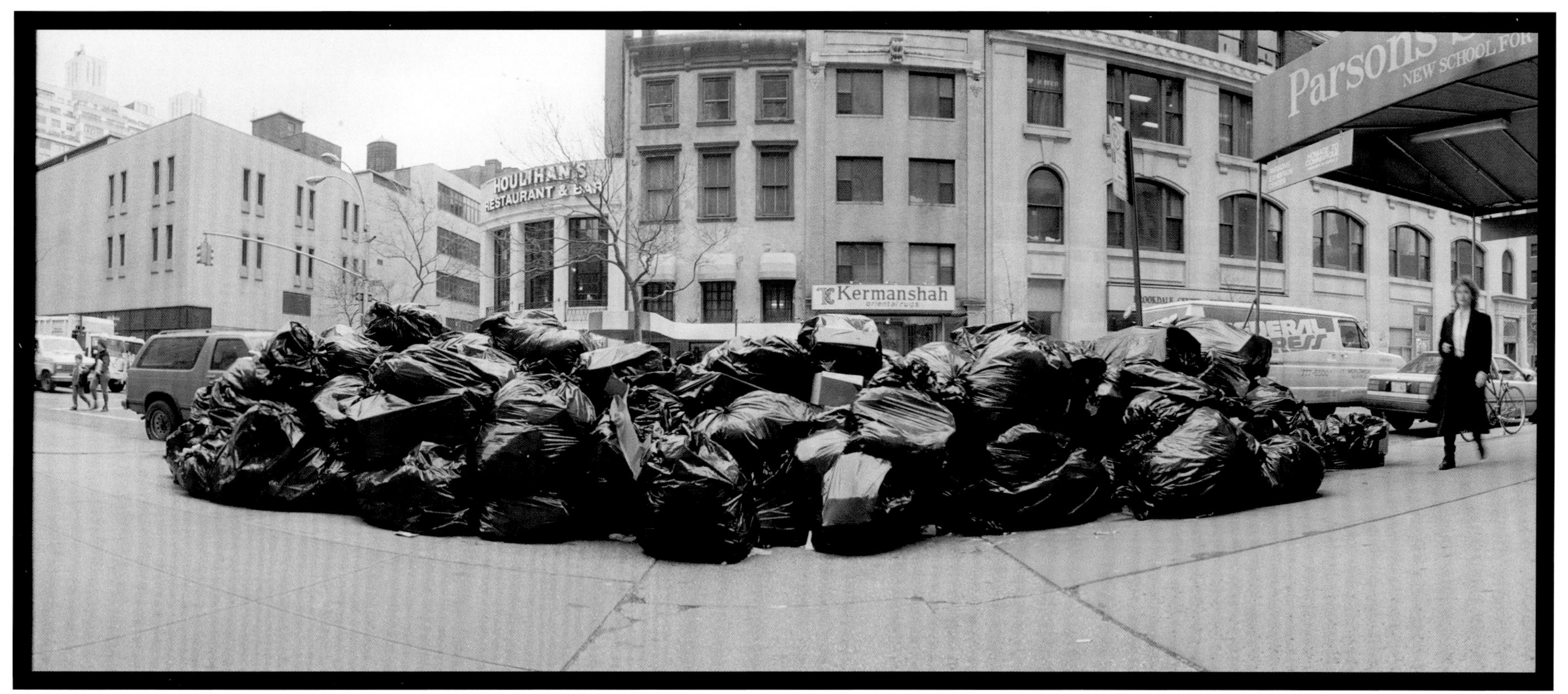

Manhattan, New York, 1990

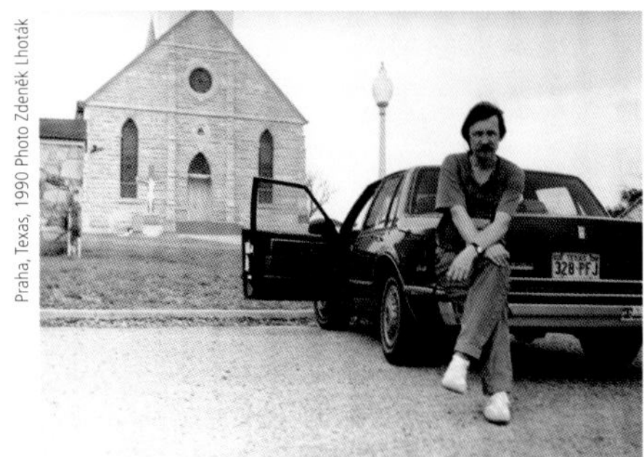

Jiří HANKE

1944 15. 4. narozen v Kladně. / born in Kladno, Czech Republic

Samostatné výstavy / Solo Exhibitions

1978 Jazzové portréty, Kladno, Malá galerie spořitelny (s Josefem Blechou)

1979 Jiří Hanke Fotografie, kresbami doprovází národní umělec Karel Souček, Kladno, Okresní muzeum – Zámek (katalog K. Souček)
Jiří Hanke Fotografie Kralupy nad Vltavou, Závodní klub ROH Kaučuk

1980 Fotografie z Rožmitálska, Rožmitál pod Třemšínem, Brdský památník (katalog J. Hanke)

1981 Jiří Hanke Fotografie 1975 – 1980, Praha, Fotochema (katalog D. Mrázková)
Jiří Hanke Fotografie, Litvínov, SZK ROH Benar – (katalog J. Hanke)

1982 Pařížské fragmenty, Kladno, Okresní muzeum – Zámek (katalog M. Horníček)
Jiří Labke Fotografie, Regionální muzeum, Kolín

1983 Pohledy z okna mého bytu, Kladno, Malá galerie spořitelny (text F. Stavinoha)
Pařížské fragmenty, Ústí nad Labem, Galerie Na terase

1984 Stop Time, Kladno, Galerie 55 (katalog J. Moucha)

1985 Lidé Pod průhonem, Kladno, Okresní muzeum – Zámek (katalog F. Stavinoha)

1986 Lidé Pod průhonem, Praha, Malá galerie Čs. spisovatele

1987 Jiří Hanke Otisky generace, Praha, Fotochema (katalog A. Dufek)

1988 Jiri Hanke – Kladno, CSSR, Berlin, Kleine Humboldtgalerie (katalog D. Mrázková, J. Moucha, A. Dufek)
Jiří Hanke – 2 x 15 (Kladno 1973–1988), Kladno, Malá galerie spořitelny (katalog J. Hanke)

1989 Jiří Hanke, Brno, Dům pánů z Kunštátu (katalog A. Dufek)
Odtlačky generácie, Bratislava, Komorná galéria Spoločenského domu v Trnávke (katalog T. Archlebová)
Widoki z okna, Wroclaw, Foto-Medium-Art (katalog J. Hanke)
Jiří Hanke Fotografie z let 1974–1989, Cheb, Galerie 4 (katalog D. Mrázková)

1990 Jiří Hanke „Blicke aus meinem Fenster", Stuttgart, H. Lindemanns Galerie und Buchhandlung für Fotografie und Film
Views From My Flat, Reims, Mai de la Photo (text J. Salmon)
Hanke – Stano – Svolik, Trois photographes de Tchécoslovaquie, Lyon, La Fondation Nationale de la Photographie

1991 New York & Texas, Kladno, Malá galerie spořitelny (katalog J. Moucha)
Pohledy z okna mého bytu, Praha, Pražský dům fotografie (text Z. Kirschner)
New York / Texas, Příbram, Zámeček Ernestinum (se Z. Lhotákem)
New York / Texas, Kralupy nad Vltavou (se Z. Lhotákem)

1992 New York / Texas, Plzeň, Divadlo Kruh
Views from the Window of my Flat, Aarhus, Denmark, Galerie Image

1993 Echoes of a Generation, Perth, Scotland, The Sandeman Library (Fotofeis 1993)
Echoes of a Generation, St. Andrews, Scotland, Crawford Arts Center

1994 Jiří Hanke (retrospektiva), Kladno, Okresní muzeum – Zámek (text Zd. Kirschner)
Echo de Generation, Rouen, Centre Photographique de Normandie
Jiří Hanke starší [Jiří Hanke, Kladno, Malá galerie spořitelny (katalog J. Hanke)
Kladno, Galerie Kladenských novin – Lidé z Podprůhonu (výběr)

1995 Echoes of a Generation, Glenrothes, Scottland, Corridor Gallery
Jiří Hanke Podnikatelé Kladno 1992–1995 Cheb, Galerie 4 (katalog Z. Kirschner)

1998 Otisky generace I, Praha, Mánes

Podnikatelé, Praha, Národní technické muzeum
Otisky generace II, Kladno, Malá galerie spořitelny

1999 Stop Time, Hradec Králové (Jazz Goes To Town)
Tvář pro rok 2000, Kladno, Malá galerie spořitelny

2000 Jazz for Two, Kladno, Malá galerie spořitelny (s kresbami V. Frolíka)
Stop Time, Praha, Galerie FOTO-MAX

2001 Podnikatelé, Otisky generace, Ostrava, Divadlo J. Myrona
Pohledy z okna mého bytu, Praha (Interkamera 2001)

2002 Blicke aus meinem Fenster, Potsdam, Galerie im Mobilcenter

2003 Jiné pohledy z okna, Kladno, Malá galerie spořitelny (s poezií J. Hankeové)
Jiří Hanke Fotografie z let 1980–2003, Příbram, Galerie F. Drtikola (text J. Moucha)

2004 Jiří Hanke 60 portrétů z let 1974–2004, Kladno, Malá galerie spořitelny
Otisky generace, Mariánská Týnice, Muzeum Severního Plzeňska
Ozvěny / Echoes, Praha, Pražský dům fotografie (text J. Moucha)
Blicke aus meinem Fenster, Wien, Galerie auf der Pawlatsche

2005 Stop Time, Hluboš, Zámek

2006 Otisky generace, Terezín, Malá pevnost, Památník (katalog M. Janata)
Periférie – Kladno – Periférie, Kladno, Malá galerie České spořitelny
Jiří Hanke – fotografie, Ostrava, Výtvarné centrum Chagall (katalog J. Moucha)
Malá galerie České spořitelny v Kladně 1977–2006, Kladno (katalog M. Janata)

2007 Otisky generace, Uherské Hradiště, Kino Hvězda (Letní filmová škola)
Periferie, Hradec Králové, Výstavní síň Foma Bohemia (s Jiřinou Hankeovou)
Před výstavou, Nové Město nad Metují, Galerie V. Sedláčka, Zámek Bartoň-Dobenín

2008 Dva pohledy, Památník Lidice, Lidická galerie (s Jiřinou Hankeovou)
Má zátiší, Malá galerie České spořitelny v Kladně
Vues de ma fenétre, La Galerie de photographie Metropolis, Charleville-Meziéres
Pohledy z okna mého bytu, Galerie AMU v Praze, (katalog R. Silverio)

2009 Stop time, Polička Jazz Festival, Polička
Pohledy z okna mého bytu, Galerie GM, Pardubice
Hledání Ameriky, Galerie Bazilika, České Budějovice

Sametová, Malá galerie České spořitelny v Kladně

2010 Pařížské fragmenty, Café Au Chat Noire, České Budějovice
Jazz for Three, Malá galerie České spořitelny v Kladně (s J.Benešem a V. Frolíkem)

2011 Paris-New York-Houston, Galerie České spořitelny, Palác Rytířská, Praha, (katalog D. Panenková)
Pohledy času, Národní muzeum fotografie, Jindřichův Hradec, (text J. Moucha)
Jiří Hanke – Kladno 80´, Leica Gallery Prague, (text Vl. Birgus)
Stories and Histories, RTR Gallery, Paris

2012 Otisky doby, Galerie U Rytíře, Liberec
Black and White, (s Jiřinou Hankeovou), Labirynt, Festival Nowej Sztuki, Frankfurt (O)/ Slubice
Válovky, (s Jiřinou Hankeovou a Robertem Kissem), Malá galerie České spořitelny, (text L. Jarcovjáková)

2013 Jiří Hanke – fotografie, Galerie Kladno
Black and White, (s Jiřinou Hankeovou), Památník Terezín

2014 Rodinné balení (společná výstava s dalšími 6 členy rodiny k 70. narozeninám), Malá galerie České spořitelny v Kladně

Účast v kolektivních výstavách / Selected Group Exhibitions

1977, 1978, 1979, 1981, 1984 Jazz ve fotografii, Kralupy nad Vltavou

1983 Mladí dokumentaristé, Fotochema, Ostrava; Dům kultury, Hrádek nad Nisou

1984 Sedm mladých dokumentaristů, Malá galerie spořitelny v Kladně

1986 Tělo v československé fotografii 1900–1986, Muzeum Kroměřížska, Kroměříž (katalog A. Dufek)
Autoportrét, Malá galerie spořitelny v Kladně
V čase, Galerie 4, Cheb; Fotochema, Praha (katalog A. Dufek)

1987 Aktuální fotografie II – Okamžik, Moravská galerie, Brno (katalog A. Dufek)
Město, Dům umění města Brna; Galerie 4, Cheb; Galerie výtvarného umění Roudnice nad Labem (katalog A. Dufek)

1988 Autoportrét 2, Malá galerie spořitelny v Kladně
Autoportrét v českej a slovenskej fotografii, Bratislava (katalog V. Macek)

1989 Proměny české dokumentární fotografie 1839–1989, Galerie 4, Cheb; Chodovská tvrz, Praha (katalog P. Scheufler, K. Klaricová, J. Moucha)

Účast ve společenství (fotografické dílny v Gieraltowě), Malá galerie spořitelny v Kladně (katalog J. Hanke)
Československá fotografie 1945 –1989, Národní galerie – Valštejnská jízdárna, Praha (katalog D. Mrázková)
Fotografia dokumentalna z Czechoslowacji 1964–1989, BWA, Szczecin (text J. Moucha)
150 fotografií, Moravská galerie, Brno (katalog A. Dufek)
Portrét v čs. fotografii 80-tych rokov, Spoločenský dom v Trnávke, Bratislava (katalog M. Stachová-Bezúchová)
Československý listopad 1989, Fotochema, Praha; Kladno

1990 Choice. Nineteen Contemporary Czechoslovak Photographers, Fotofest Houston (katalog W. Watriss, F. C. Baldwin)
Czech Contemporary Art and Photography, S. Levy Gallery, New York
Tschechoslowakische Photographie der Gegenwart, Museum Ludwig, Köln am Rhein (reprízy: Metz, Luxembourg, Strasbourg, Freiburg, Erlangen, Bremen, Granollers, Waldkreiburg, Odense – katalog V. Birgus, M. Vojtěchovský)
Looking East, Image Fotografisk Galleri, Aarhus (katalog H. Ludvigsen)
Photographie Thécoslovaque, Chateau, Tours
Contemporary Czechoslovak Photographers, Jacques Baruch Gallery, Chicago
Four Photographers from East Europe, Kobenhavn
Autoportrét 3, Malá galerie spořitelny v Kladně (katalog J. Hanke)
Contemporary Czechoslovak Photographers, Crawfordsville, San Francisco

1991 10 Jahre H. Lindemanns Galerie, Stuttgart
The Wall / The Fall, Denver, Colorado
Zero Graviti, The Museum of Modern Art – Citybank, Long Island, New York

1992 Petržalka, Pro Helvetia, Bratislava
What's New: Prague. Contemporary Photography from Czechoslowakia, The Art Institute of Chicago (katalog C. Westerbeck)

1993 Petržalka, Basilej, Kladno, Kladno, Okresní muzeum – Zámek
Krajina, Asociace fotografů, Praha, Česká spořitelna
Funkeho Kolín, Městské divadlo Kolín

1994 Česká fotografie 1989 – 1994, Asociace fotografů, Praha, Mánes
Horníci, Zámecká galerie města Kladna (katalog J. Hanke, O. Picek)

1995 Židle, Kladno, Galerie Z

1996 Po pěti letech, Mesiac fotografie, Bratislava
Světlo, Kladno, Galerie Z
Hutníci, Zámecká galerie města Kladna

Zátiší, Asociace fotografů, Národní technické muzeum, Praha

1997 Autoportrét 4, Malá galerie spořitelny v Kladně (katalog M. Janata)
Fotoprojekt – Bohemia – Helvetia, Galerie 4, Cheb; Kladno
Oh Boy, Witkin Gallery, New York
Naposledy na staré adrese, Pražský dům fotografie, Praha
Jistoty a hledání v české fotografii 90. let / Certainty and Searching in Czech Photography of the 1990s, Mesiac fotografie, Bratislava (katalog V. Birgus, M. Vojtěchovský)

1998 Ján Šmok – fotografovaný, fotografující, OKD Vltavská, Praha
Osobnosti české fotografie I, Galerie výtvarného umění, Benešov
Czech Photography of the 1990s, Chicago (katalog V. Birgus, M. Vojtěchovský)
Portrét, Asociace fotografů, Národní technické muzeum, Praha

1999 My 1948 – 1989, Moravská galerie v Brně (katalog A. Dufek)
Bulletin Board for the New Millenium, Image Fotografisk Galleri, Aarhus

2000 Fenomén Kladno, Národní galerie – Veletržní palác, Praha
Společnost před objektivem 1918–1989, Obecní dům, Praha (katalog A. Dufek)
„… a proto Václav Havel", Pražský hrad, Praha
Dotyk, Galerie Z, Kladno
Czech Press Photo 2000, Staroměstská radnice, Praha

2001 A jdeme o dům dál…, Malá galerie spořitelny v Kladně
4. Internationale Fototage, Herten
Junge Tschechische Kunst, Leverkusen

2002 Zlatý fond, Národní muzeum fotografie, Jindřichův Hradec
Česká a slovenská fotografie 80. a 90. let, Muzeum umění, Olomouc; Dom umenia, Bratislava

2003 Individuality v dokumentu, Asociace fotografů, Galerie Fronta, Praha; Národní muzeum fotografie, Jindřichův Hradec; Divadlo J. Myrona, Ostrava

2004 Současná česká dokumentární fotografie, Galerie Opera, Ostrava (reprízy)
Krajina jako odraz fotografovy duše, Asociace profesionálních fotografů ČR, Jindřichův Hradec (reprízy)
Autoportrét 5, Malá galerie spořitelny v Kladně
Kladenský salon 2004, Zámecká galerie města Kladna
Město v současné české dokumentární fotografii, Fotobienále Moskva 2004
Czech Press Photo 2004, Staroměstská radnice Praha
Listopad 1989, Kaple sv.Jana Nepomuckého, Praha

2005 Pořád jsem to já, Ambit kláštera františkánů, Praha

Česká fotografie 20. století, Galerie hlavního města Prahy (katalog V. Birgus, J. Mlčoch)
Czech Press Photo 2005, Staroměstská radnice, Praha

2006 Autoportrét ve fotografii, Galerie F. Drtikola, Příbram
8. Labirynt, Nowa sztuka, Nové Město nad Metují; Kladsko

2007 Koledzy, Spotkanie przez fotografie, Muzeum Miejskie, Wroclaw
Fotografie 70. let v ČSR, Galerie U Bílého jednorožce, Klatovy
Hutníci, fotografická dílna 1995–1996, Malá galerie České spořitelny, Kladno

2008 Fotogenie identity / Paměť české fotografie, Dům umění města Brna – Dům pánů z Kunštátu (katalog J. Moucha, H. Musilová)
Behind Walls, Eastern Europe Before 1989, International Fotofestival. Fries Museum, Leeuwarden
Totalitní krajina, Hornický skanzen Mayrau, Vinařice u Kladna
Magie české fotografie, Zámek Bruntál
Hluboká tajemnost TAO, Lidická galerie, Lidice (katalog V. Jirousová)
Třetí strana zdi, Moravská galerie, Pražákův palác, Brno (katalog A.Dufek)

2009 Zlatý fond Národního muzea fotografie, Předsálí kongresového centra ČNB, Praha
Via Lucis 1989 - 2009, Brusel, repr. Měsíc fotografie Bratislava (katalog T.Pospěch)
Tschechische Fotografie des 20.Jahrhunderts, Kunst-und Ausstellungshalle der Bundesrepublik Deutschland, Bonn (katalog V. Birgus, J. Mlčoch)
Paměť české fotografie / Fotogenie identity, Galerie F.Drtikola, zámeček Příbram (katalog H. Musilová, J. Moucha)
Hluboká tajemnost TAO, Galerie pod věží, Třeboň (katalog V. Jirousová)
Behind Walls, School of Humanities and Journalism, Poznaň, School of Social Sciences and Humanities, Varšava
Tenkrát na východě, Češi očima fotografů, Dům u Kamenného zvonu, Praha (katalog V. Birgus, T. Pospěch)
Podoby tváře / šalba a klam, Uměleckoprůmyslové muzeum, Moravská galerie v Brně
Sametový listopad '89, Sládečkovo muzeum, Kladno

2010 Prague Photo 2010, Výstavní síň Mánes, Praha

2011 Paris Photo 2011, kolekce Leica Gallery Prague, Grand Palace, Paris

2012 Lidická sbírka, Nová expozice stále sbírky, Lidická galerie, Lidice
Civilizované iluze, Muzeum umění Olomouc (katalog Štěpánka Bieleszová)

Prague Photo Festival 2012, DOX, Praha
Kladenský salón 2012, Zámecká galerie města Kladna

2013 Ateliér '74 v roce 13, Zámecká galerie města Kladna
Vnitřní okruh, Galerie hlavního města Prahy, Městská knihovna (katalog Vladimír Birgus)
Vnitřní okruh, Dům umění Bratislava, Mesiac fotografie (katalog V.Birgus)

2014 Prague Photo 2014

Knihy / Books

Lidé z Podprůhonu 1974–1989 / People from Podprůhon 1974–1989, Kladno, Okresní muzeum 1995 (text Stanislav Krajník)
Otisky generace / The Echoes of a Generation, Praha, Kuklik 1998 (text Pavel Sedláček)
J. + J. Hankeovi = Pohledy, Praha 2002 (text Jiřina Hankeová)
Jiří Hanke Fotografie / Photographs, Příbram, Job 2008 (text Josef Moucha)
Jiří Hanke: Kladnu pod kůží, Halda 2013 (rozhovor Roman Hájek)
Jiří Hanke: Pohledy z okna mého bytu 1981 – 2003, Kant 2013 (text. Pospěch, V. Flusser, P.Sedláček, J.Moucha J. Hankeová, A, Dufek..)

Zastoupení ve sbírkách / Represented in Galleries

Národní galerie v Praze
Uměleckoprůmyslové museum v Praze
Moravská galerie v Brně
Okresní muzeum v Kladně
The University of Texas (Gernsheim Collection), Austin
The Witkin Gallery, New York
Gallerie und Buchhandlung fur Fotografie und Film, Stuttgart
Museum Ludwig, Köln am Rhein
International Center of Photography, New York
Fondation Nationale de la Photographie, Lyon
Victoria and Albert Museum, London
Center of Photography, New York
Maison Européene de la Photographie, Paris
The Anna & Jacques Baruch Collection, Chicago
Pražský dům fotografie, Praha
Galerie výtvarného umění Benešov
Národní muzeum fotografie, Jindřichův Hradec
Lidická sbírka, Lidická galerie
Galerie Hlavního města Prahy

Jiří Hanke

Hledání Ameriky / In search of America

Fotografie | *Photographs* Jiří Hanke

Koncepce | *Conception* Jiří Hanke

Text Jiří Kamen

Překlad | *Translation* Stephan von Pohl

Grafická úprava | *Graphic design* Karel Kerlický

Předtisková příprava | *Prepress* KANT

Tisk | *Printing by* PB tisk Příbram, Czech Republic

Vydal | *Published by* KANT – Karel Kerlický, 2014

www.kant-books.cz

ISBN: 978-80-7437-139-4

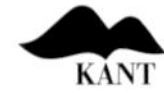

Projekt vznikl za podpory města Kladna.

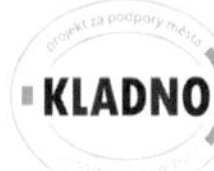